BZZzZzZ
BZZzZZzZzzz

MINUTE PAR MINUTE

500 IDÉES POUR GLANDER AU BOULOT

PAR JIM

JINGLE SEX
LA FLEMME
LA THUNE
L'AMOUR
LE DÉSIR
LE BÉBÉ (AVEC JUAN)
LES MARIÉS (AVEC JUAN)
LE DERNIER SOCIALISTE
LA HONTE 1 & 2 (AVEC PONT)
ON ÉTEINT LA LUMIÈRE... ON SE DIT TOUT (AVEC GASTON)
T'AS VU TA TRONCHE ! (AVEC GASTON)
MA TOUTE PETITE DÉPRIME ET MOI (AVEC GIL ET GASTON)

PAR FREDMAN ET JIM

L'ART DU VIN
TOUS LES DÉFAUTS DES MECS 1 & 2
TOUS LES DÉFAUTS (MICROSCOPIQUES) DES FILLES
TOUT CE QUI FAIT RÂÂÂLER LES NANAS
COMMENT SUPPORTER LA FAMILLE
MAIGRIR LE SUPPLICE / LA TORTURE
NOS PIRES FÊTES FOIREUSES
TOUS MES " VRAIS " AMIS
RESTER JEUNE À TOUT PRIX
PUTAIN DE VACANCES

COUVENT SAINTE-CÉCILE, 37 RUE SERVAN - 38000 GRENOBLE
DÉPÔT LÉGAL : OCTOBRE 1997 - ISBN : 978-2-7493-0654-4
ACHEVÉ D'IMPRIMER EN ITALIE EN SEPTEMBRE 2011 PAR L.E.G.O. S.p.A.

MINUTE PAR MINUTE

500 IDÉES POUR GLANDER AU BOULOT

NOTE INDIGNÉE DE L'AUTEUR

LES DERNIERS INSTITUTS DE SONDAGE L'ATTESTENT,
NOTRE SOCIÉTÉ FRÔLE LES 89 % D'ASSISTÉS, DE BULLEURS, DE TIRE-AU-FLANC ET DE GLANDEURS-NÉS.
CECI EST ANORMAL.
CECI EST INDIGNE ET INADMISSIBLE.
ENSEMBLE, ESSAYONS D'ATTEINDRE UN P'TIT 100 % TOUT ROND.

PUISSE CETTE MODESTE OEUVRE LITTÉRAIRE CONTRIBUER À ATTEINDRE CETTE PERFECTION.

DESSINS & SCÉNARIO **JIM**

MAQUETTE, PACKAGING & ENROBAGE **DELPHINE** POUR JIM STUDIO

BLA-BLA QUE VOUS N'ÊTES PAS OBLIGÉS DE LIRE.

PETIT DÉCULPABILISATEUR À L'USAGE DE CEUX QUI HAÏSSENT LE TRAVAIL :

ÉTYMOLOGIQUEMENT :

TRAVAIL N.M. (LAT. *TREPALIUM*, INSTRUMENT DE TORTURE.)
TRAVAIL ASSOCIÉ À LA SOUFFRANCE : NAISSANCE / SALLE DE TRAVAIL.

PARENTS À ENFANT : «TRAVAILLE !!» / SOCIÉTÉ À CHÔMEUR : «TRAVAIIIIIILLLLLE !!»
TRAVAIL = INQUIÉTUDE, MORT : ÇA ME TRAVAILLE / SE TUER AU TRAVAIL / TRAVAUX FORCÉS / CAMP DE TRAVAIL .

PHILOSOPHIQUEMENT :

LES SOMMETS DE L'ACTION HUMAINE SONT LA PENSÉE & LA RÉFLEXION. POUR PENSER, IL FAUT DU LOISIR, DONC ÊTRE LIBRE. ASSOCIATION T*RAVAIL / ESCLAVAGE.*

«SOMMES-NOUS DES ESCLAVES OU AVONS-NOUS DU LOISIR ?»
PLATON

LE TRAVAIL EST CONTRAIRE À L'ACTIVITÉ SOUVERAINE DE LA PENSÉE. SI LE TRAVAIL N'EST PAS PENSÉE, ET COMME LA PENSÉE = INTELLIGENCE,
ALORS TRAVAIL = NIAISERIE NÉBULEUSE ET ABRUTISSEMENT PERMANENT (CRÉTINISATEUR),
ET NON-TRAVAIL = SUBLIMATION DE L'HOMME (BONHEURITUDE). (ÇA EXISTE PAS COMME MOT MAIS ÇA A LE MÉRITE D'ÊTRE CLAIR).

BIBLIQUEMENT :

DIEU CRÉE L'HOMME INACTIF DANS L'EDEN. DONC INACTION = PARADIS.
ÈVE, CETTE COURGE, CROQUE LA POMME, D'OÙ FAUTE, PUNITION, PURGER SA PEINE = TRAVAIL.

«TU GAGNERAS TON PAIN (BAGUETTE, 0 € 90 DANS TOUTES LES BONNES BOULANGERIES) À LA SUEUR DE TON FRONT».
GENÈSE

DEPUIS TOUJOURS, L'HOMME EST MARTYR DE CETTE NOTION D'EFFORT. TRAVAIL = ENFER, SUEUR, PATRON, PETITS-PATRONS, SOUS-PETITS-PATRONS, SOUS-SOUS-PETITS-PATRONS & TOUTE UNE RIBAMBELLE DE COLLÈGUES À MESQUINITÉS VARIABLES.

ATTENTION ÇA COMMENCE.

INTRODUCTION.

L'ENFER.
L'ENFER C'EST TOUS LES JOURS.

C'EST LE MATIN. LE RÉVEIL SONNE, ET DÉJÀ VOUS SAVEZ QUE C'EST FICHU. FAUT Y ALLER, FAUT PAS CHÔMER.

L'ÉPANOUISSEMENT PERSONNEL PASSE PAR LE BOULOT, PARAÎT-IL, ET VOUS VOUS IMAGINEZ DÉJÀ LÀ-BAS, FESSES VISSÉES SUR VOTRE CHAISE À ROULETTES ET ŒIL SCOTCHÉ SUR VOTRE QUARTZ À DIX BALLES, COMPTABILISANT UNE À UNE CHAQUE SECONDE, CHAQUE MINUTE QUI DAIGNE BIEN S'ÉCOULER.

BOSSER ? TRIMER ? HORS DE QUESTION.

ALORS QUOI FAIRE POUR PASSER LE TEMPS AU BOULOT ? NON MAIS SÉRIEUX, QUOI FAIRE ?

C'EST QUE, MINUTE PAR MINUTE, UNE JOURNÉE DE BOULOT C'EST LONG, C'EST HYPER LONG... 60 MINUTES DANS 1 HEURE, 8 HEURES, SOIT 480 MINUTES DE PRÉSENCE À PASSER DANS CET UNIVERS CARCÉRAL QU'EST VOTRE POSTE DE TRAVAIL !

HEUREUSEMENT,

DANS VOTRE LUTTE ACHARNÉE FACE À L'EFFORT, UN OUVRAGE DE HAUTE LITTÉRATURE SPÉCIALEMENT ÉLABORÉ PAR LES PLUS ILLUSTRES CERVEAUX DE CE SIÈCLE SE DEVAIT DE POINDRE AU GRAND JOUR ET D'ILLUMINER VOTRE MODESTE PERSONNE DE SA SAVANTE LUMIÈRE BIENFAITRICE.

CET ALBUM EXISTE. IL EST LÀ.

SI SI.

VOUS LE TENEZ ENTRE VOS PETITS DOIGTS ENGOURDIS.

LAISSEZ-VOUS PRENDRE EN CHARGE. TOUT EST AFFAIRE DE STRATÉGIE & DE MÉTHODOLOGIE.

PRÊT ? RESPIREZ PROFONDÉMENT...

...C'EST PARTI.

VOUS ÊTES PRÊT À ATTAQUER.

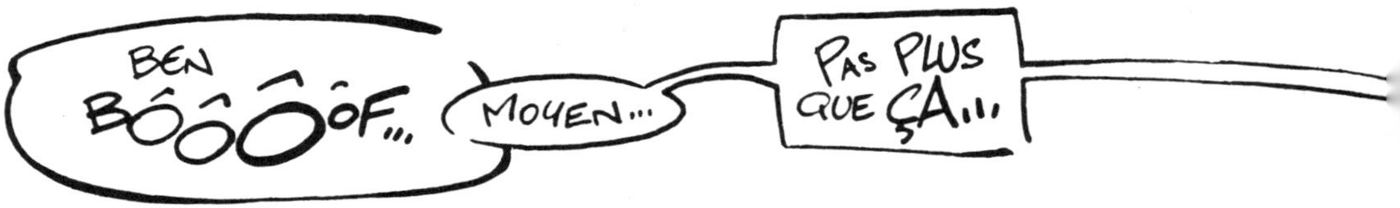

NIVEAU MOTIVATION
IL EST IMPORTANT
D'AVOIR CHARGÉ
TOUS SES ACCUS.

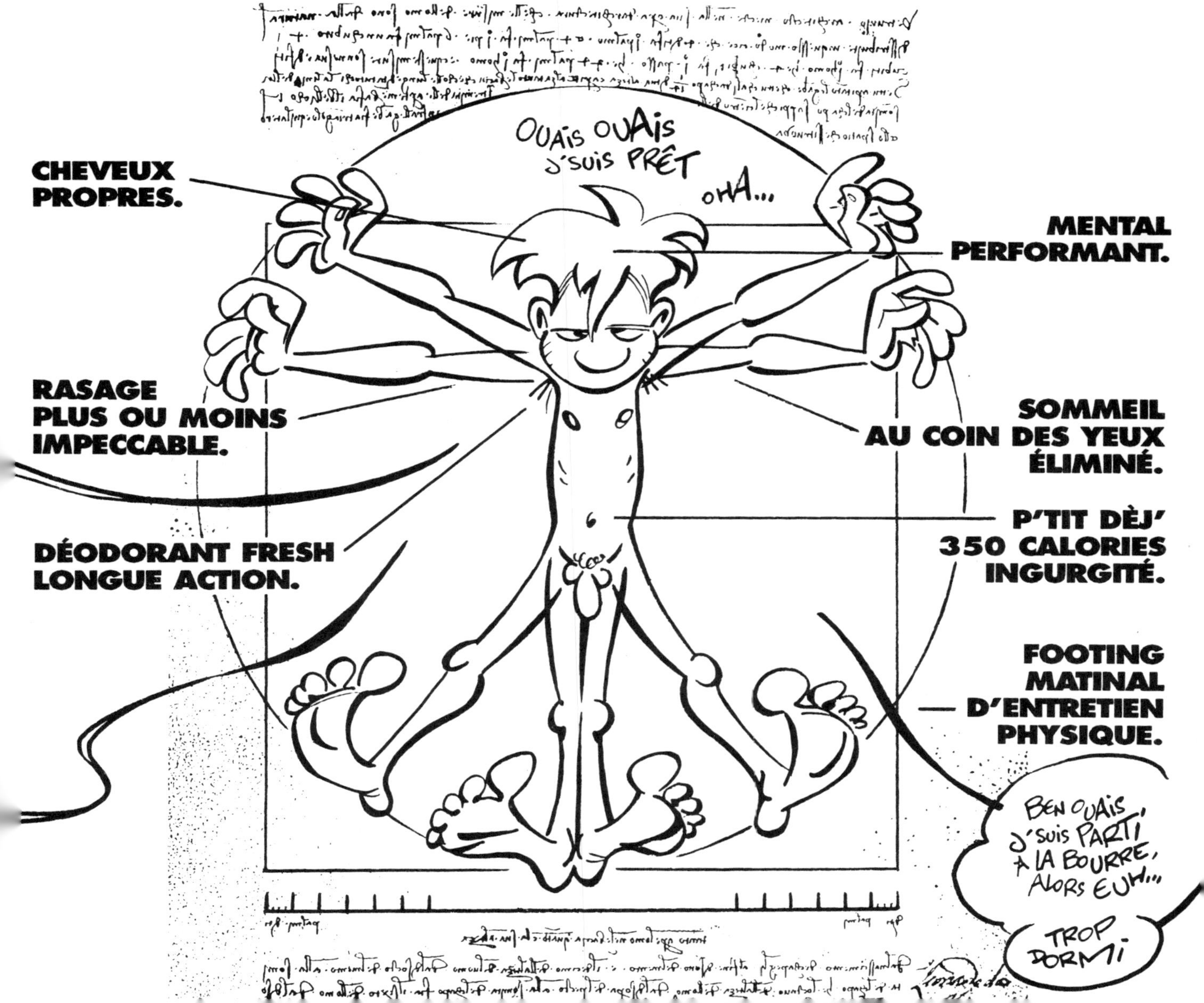
OUAIS OUAIS J'SUIS PRÊT
OHA...
CHEVEUX PROPRES.
MENTAL PERFORMANT.
RASAGE PLUS OU MOINS IMPECCABLE.
SOMMEIL AU COIN DES YEUX ÉLIMINÉ.
DÉODORANT FRESH LONGUE ACTION.
P'TIT DÈJ' 350 CALORIES INGURGITÉ.
FOOTING MATINAL D'ENTRETIEN PHYSIQUE.
BEN OUAIS, J'SUIS PARTI À LA BOURRE, ALORS EUH...
TROP DORMI

PLAN DE LA JOURNÉE : 2 BLOCS IMPORTANTS À OCCUPER.

PETIT A : LA MATINÉE

PETIT B : L'APRÈS-MIDI

NE PANIQUONS PAS. CHAQUE CHOSE EN SON TEMPS.

PETIT A : LA MATINÉE

ATTENTION...

GO.

08H00

RESTE 480 MINUTES À ENDURER

ÊTRE EN RETARD.

08H01

RESTE 479 MINUTES À ENDURER

ÊTRE EN RETARD.

08H02

RESTE 478 MINUTES À ENDURER

ÊTRE EN RETARD.

08H03

RESTE 477 MINUTES À ENDURER

ARRIVER ENFIN.

POUSSER PÉNIBLEMENT LA PORTE

08H04

RESTE 476 MINUTES À ENDURER

SE MOQUER DE CEUX QUI SONT DÉJÀ LÀ.

08H05

RESTE 475 MINUTES À ENDURER

ATTACHER SES LACETS SUR SON LIEU DE TRAVAIL.

08H06

RESTE 474 MINUTES À ENDURER

SE VANTER DE SON OUIKÈNE PASSÉ.

08H07

RESTE 473 MINUTES À ENDURER

APPORTER UNE PLANTE VERTE AU BOULOT.

08H08

RESTE 472 MINUTES À ENDURER

CHERCHER L'ENDROIT IDÉAL OÙ POSER LA PLANTE VERTE POUR AMÉLIORER SON CADRE DE VIE.

08H09

RESTE 471 MINUTES À ENDURER

VOULOIR ARROSER LA PLANTE VERTE.

08H10

RESTE 470 MINUTES À ENDURER

FILER DIRECTION L'ÉVIER LE PLUS PROCHE.

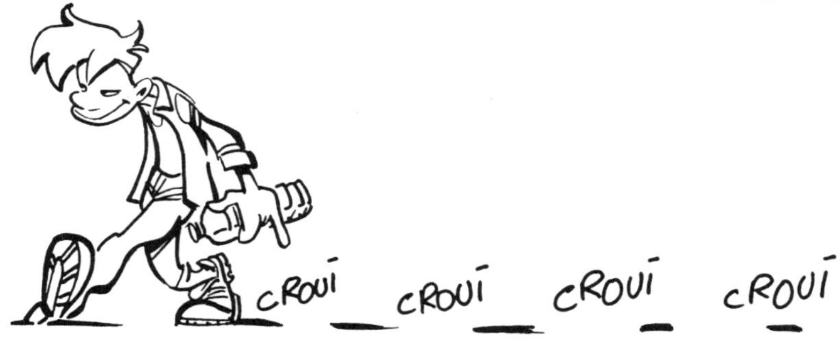

08H11

RESTE 469 MINUTES À ENDURER

BIEN RÉGLER LA TEMPÉRATURE DE L'EAU.

08H12

RESTE 468 MINUTES À ENDURER

REMPLIR LA BOUTEILLE ET RETRAVERSER LE COULOIR.

08H13

RESTE 467 MINUTES À ENDURER

ARROSER SA PLANTE (PAS TROP CAR DE L'EAU POINT TROP N'EN FAUT).

08H14

RESTE 466 MINUTES À ENDURER

PARLER À SA PLANTE VERTE.

08H15

RESTE 465 MINUTES À ENDURER

VOIR PICHON ARRIVER AVEC UNE MARQUE DE PLIS D'OREILLER SUR SA JOUE DROITE.

08H16

RESTE 464 MINUTES À ENDURER

LIRE LE JOURNAL.

08H17

RESTE 463 MINUTES À ENDURER

ÊTRE HYPER SCOTCHÉ PAR UN ARTICLE ANALYSANT LES FLUCTUATIONS DE LA BOURSE EN AFGHANISTAN.

08H18

RESTE 462 MINUTES À ENDURER

TOURNER 1 MN AUTOUR DE SA CHAISE

AVANT DE SE RÉSOUDRE À S'Y ASSEOIR.

08H19

RESTE 461 MINUTES À ENDURER

ÉTALER SUR SON BUREAU TOUT SON MATÉRIEL.

08H20

RESTE 460 MINUTES À ENDURER

FAIRE L'INVENTAIRE DE SES FOURNITURES.

08H21

RESTE 459 MINUTES À ENDURER

ALIGNER À L'ÉQUERRE TOUS LES BEAUX DOSSIERS À TRAVAILLER.

08H22

RESTE 458 MINUTES À ENDURER

RENVERSER UNE PLEINE BOÎTE DE PUNAISES PAR TERRE.

08H23

RESTE 457 MINUTES À ENDURER

SORTIR SES CRAYONS UN À UN.

08H24

RESTE 456 MINUTES À ENDURER

TAILLER SES CRAYONS.

08H25

RESTE 455 MINUTES À ENDURER

TAILLER TOUS SES CRAYONS.

08H26

RESTE 454 MINUTES À ENDURER

EUH, NON.

PAS TAILLER

TOUS SES CRAYONS.

08H27

RESTE 453 MINUTES À ENDURER

TENTER SA CHANCE.

08H28

RESTE 452 MINUTES À ENDURER

REGARDER QUELLE EST LA FÊTE DU JOUR.

08H29

RESTE 451 MINUTES À ENDURER

TIENS, C'EST LA St HUBERT. NE PAS ÊTRE PLUS AVANCÉ.

08H30

— RESTE 450 MINUTES À ENDURER —

ALLER SOUHAITER BONNE FÊTE À L'HUBERT DU SERVICE.

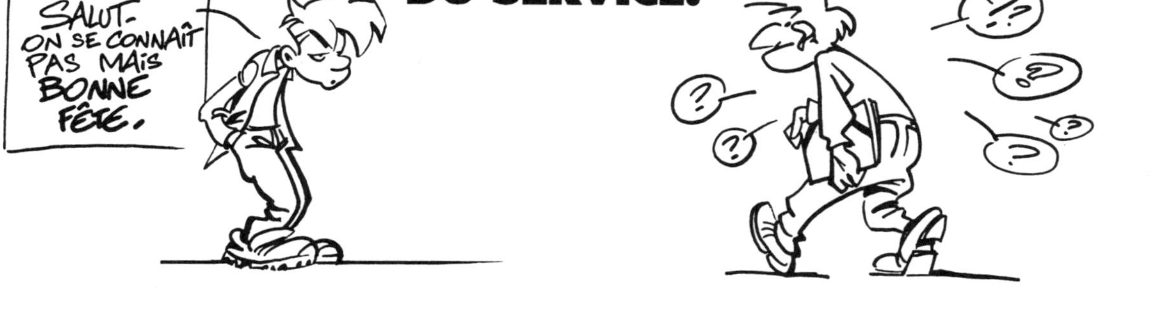

08H31

RESTE 449 MINUTES À ENDURER

S'AUTO CONSTERNER.

SE DEMANDER

CE QU'ON N' INVENTERAIT PAS POUR GAGNER 4 MN.

08H32

RESTE 448 MINUTES À ENDURER

PRENDRE DES VITAMINES POUR ATTAQUER LA JOURNÉE.

08^H^33

RESTE 447 MINUTES À ENDURER

INGURGITER UN SMART-DRINK POUR TENIR LE COUP.

08H34

RESTE 446 MINUTES À ENDURER

LANCER LA RUMEUR D'UNE GRÈVE PATRONALE.

08H35

RESTE 445 MINUTES À ENDURER

PAUSE
CAFÉ
DU MATIN.

08H36

RESTE 444 MINUTES À ENDURER

ÊTRE INVESTI D'UNE MISSION.

08^H37

RESTE 443 MINUTES À ENDURER

ALLER À L'ÉTAGE DU DESSUS

CHERCHER DU SUCRE.

PRENDRE L'ASCENSEUR.

08 H 38

RESTE 442 MINUTES À ENDURER

ARRIVER À L'ÉTAGE DU DESSUS.

08H39

RESTE 441 MINUTES À ENDURER

SE FAIRE CHARRIER.

08H40

RESTE 440 MINUTES À ENDURER

AVOIR PLEIN DE TRUCS À SE DIRE AVEC LES COLLÈGUES DE L'ÉTAGE SUPÉRIEUR.

08H41

RESTE 439 MINUTES À ENDURER

LANCER UNE RUMEUR.

08H42

RESTE 438 MINUTES À ENDURER

REPRENDRE L'ASCENSEUR.

08H43

RESTE 437 MINUTES À ENDURER

ARRIVER EN SAUVEUR ET DISTRIBUER LES SUCRES.

08 H 44

RESTE 436 MINUTES À ENDURER

BOIRE UNE PLEINE BOUTEILLE D'ÉVIAN D'UN COUP.

08H45

RESTE 435 MINUTES À ENDURER

...ÊTRE PRIS D'UNE SOUDAINE ENVIE D'ALLER AUX TOILETTES.

08H46

RESTE 434 MINUTES À ENDURER

ALLER AUX TOILETTES.

08H47

RESTE 433 MINUTES À ENDURER

ÊTRE AUX TOILETTES ET PRENDRE SON TEMPS.

08 H 48

RESTE 432 MINUTES À ENDURER

PRENDRE SON TEMPS.

08H49

RESTE 431 MINUTES À ENDURER

PRENDRE VRAIMENT SON TEMPS.

08 H 50

RESTE 430 MINUTES À ENDURER

TAXER UN ROULEAU DE PQ POUR CHEZ SOI. LE PLANQUER.

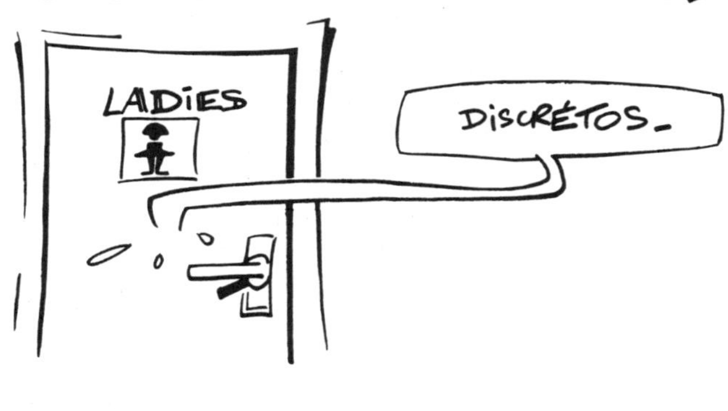

08H51

RESTE 429 MINUTES À ENDURER

SORTIR DES TOILETTES.

08H52

RESTE 428 MINUTES À ENDURER

GASPILLER LE SAVON AVEC APPLICATION.

08 H 53

RESTE 427 MINUTES À ENDURER

SE SÉCHER LES MAINS AVEC L'APPAREIL À AIR CHAUD.

08H54

RESTE 426 MINUTES À ENDURER

LONGER À NOUVEAU LE LONG COULOIR EN TRAINANT SES MOON BOOTS.

08H55

RESTE 425 MINUTES À ENDURER

TOUSSER TRÈS FORT POUR AGACER SON ENTOURAGE.

08H56

RESTE 424 MINUTES À ENDURER

SE VOIR PROPOSER UNE ASPIRINE.

08^H 57

RESTE 423 MINUTES À ENDURER

DIRE QU'ON EST MAL GARÉ, ALLER REMETTRE DES SOUS DANS L'HORODATEUR GLOUTON.

08H58

RESTE 422 MINUTES À ENDURER

FAIRE DE LA MONNAIE.

08 H 59

RESTE 421 MINUTES À ENDURER

DISPARAÎTRE PAR L'ASCENSEUR.

VOUS VENEZ
DE TRAVAILLER
1 HEURE.
BRAVO.

BILAN.

ÉTAT GÉNÉRAL À 09H00.

**PAGE CHECK-UP
RECOMMANDÉE PAR LE MINISTÈRE DE LA SANTÉ.**

CHECK-UP.

ÉTAT DE L'ESTOMAC

GARGOUILLIS & CRAMPES PRÉ-DIGESTIVES.
OBJECTIF CANTINE LOINTAIN, PAS ACCESSIBLE AVANT 180 MN.

TAUX D'ENGOURDISSEMENT

15 %

POIDS DES PAUPIÈRES : PESANT

STOCK DE BLAGUES : PAS FAMEUX

COUPS DE FIL PERSO ENVISAGEABLES PAR JOUR : ____ 010

RESTANT À PASSER : ____ 010

ÉTAT DES ACCUS ÉNERGÉTIQUES

COURAGE.
RESTE
420 MINUTES
À ENDURER.

09H00

RESTE 420 MINUTES À ENDURER

ALLER
FAIRE DES BISES
À CEUX QU'ARRIVENT À 9 H.

09H01

RESTE 419 MINUTES À ENDURER

PASSER UN COUP DE FIL PERSO.

09^H^02

RESTE 418 MINUTES À ENDURER

RÉGLER LA DIRECTION DE SON VENTILATEUR PERSO.

09H03

RESTE 417 MINUTES À ENDURER

SE FAIRE LES ONGLES FLUO AU STABILO.

09H04

RESTE 416 MINUTES À ENDURER

ÉVITER MARIE-LAURE

(TOUTES LES EMMERDEUSES AU BOULOT S'APPELLENT MARIE-LAURE).

09H05

RESTE 415 MINUTES À ENDURER

BRANCHER LA NOUVELLE STAGIAIRE SUR LES DOSSIERS HYPER EN RETARD QU'ON A À RENDRE.

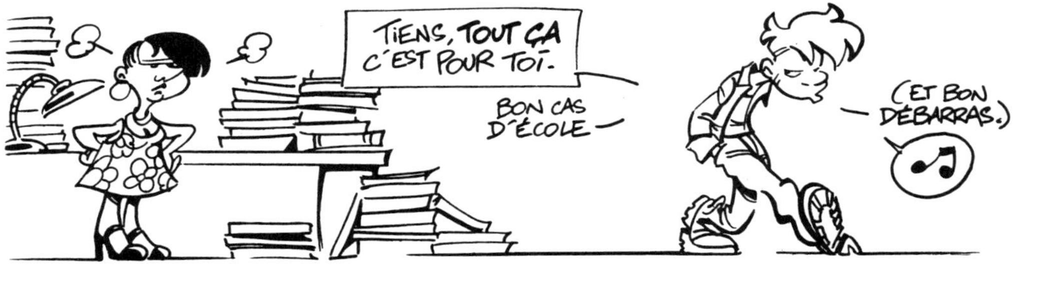

09H06

RESTE 414 MINUTES À ENDURER

LANCER UNE PÉTITION SUR N'IMPORTE QUEL PRÉTEXTE.

09H07

RESTE 413 MINUTES À ENDURER

FOUILLER DANS LE PORTEFEUILLE D'ÉMILE BRUGNON PARTI AUX TOILETTES.

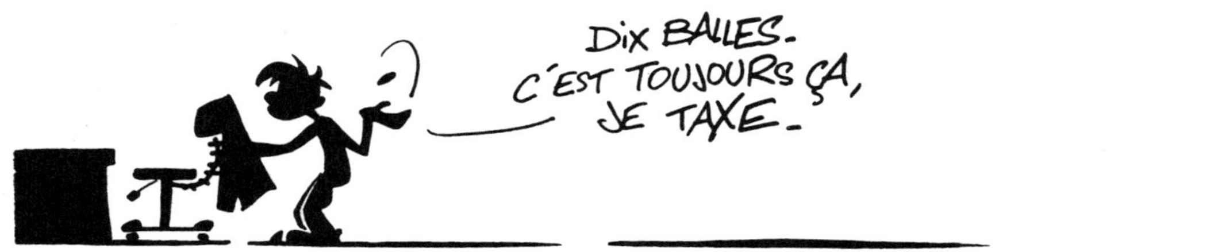

09H08

RESTE 412 MINUTES À ENDURER

PIQUER DISCRÉTOS LA CARTE D'IDENTITÉ D'ÉMILE BRUGNON.

09H09

RESTE 411 MINUTES À ENDURER

SE POILER DE RIRE.

09H10

RESTE 410 MINUTES À ENDURER

FAIRE CIRCULER LA PHOTO DANS TOUT L'ÉTAGE.

09H11

RESTE 409 MINUTES À ENDURER

FOUILLER ENCORE DANS LE PORTEFEUILLE.

09H12

RESTE 408 MINUTES À ENDURER

TOMBER SUR UN BÊTE POLAROÏD DE LA NANA D'ÉMILE BRUGNON.

09H13

RESTE 407 MINUTES À ENDURER

SE POILER DIX FOIS PLUS.

09H14

RESTE 406 MINUTES À ENDURER

FAIRE CIRCULER LA PHOTO DANS TOUT LE BÂTIMENT.

09H15

RESTE 405 MINUTES À ENDURER

FOUILLER ENCORE DANS LE PORTEFEUILLE.

09H16

RESTE 404 MINUTES À ENDURER

TOMBER SUR UNE PHOTO DU FILS D'ÉMILE BRUGNON ET DE SA NANA.

09H17

RESTE 403 MINUTES À ENDURER

GLUP'S.

09H18

RESTE 402 MINUTES À ENDURER

RANGER TOUT ÇA EN DEUX SECONDES.

09H19

RESTE 401 MINUTES À ENDURER

PEAUFINER LE RÉGLAGE EN HAUTEUR DE SON SIÈGE.

09H20

RESTE 400 MINUTES À ENDURER

LÂCHER NÉGLIGEMMENT À HAUTE VOIX :

09H21

RESTE 399 MINUTES À ENDURER

REPÉRER LES VISAGES BLÊMES

TOMBER EN DÉCOMPOSITION DANS L'ENTOURAGE.

09H22

RESTE 398 MINUTES À ENDURER

FAIRE UN PROFIL MEETIC À PICHON.

09H23

RESTE 397 MINUTES À ENDURER

METTRE DE LA GLU DANS LA SOURIS DU MAC DE MARIE-LAURE.

09H24

RESTE 396 MINUTES À ENDURER

PRENDRE LE TÉLÉPHONE POUR PASSER UN COUP DE FIL.

09H25

RESTE 395 MINUTES À ENDURER

TAPOTER LES NUMÉROS DE LA MÉTÉO.

09H26

RESTE 394 MINUTES À ENDURER

ÉCOUTER D'UN AIR GRAVE ET INSPIRÉ.

09H27

RESTE 393 MINUTES À ENDURER

ZOU. RACCROCHER. ALLER JUSQU'À LA FENÊTRE ET COMPARER.

09H28

RESTE 392 MINUTES À ENDURER

COMPOSER À NOUVEAU DES NUMÉROS.

09^H^29

RESTE 391 MINUTES À ENDURER

DIRE BONJOUR MAMAN.

09H30

RESTE 390 MINUTES À ENDURER

CAUSER ANTI-CYCLONE.

09H31

RESTE 389 MINUTES À ENDURER

ÉCOUTER SA MÈRE.

09H32

RESTE 388 MINUTES À ENDURER

ÉCOUTER ENCORE SA MÈRE.

09H33

RESTE 387 MINUTES À ENDURER

ESSAYER D'EN PLACER UNE.

09H34

RESTE 386 MINUTES À ENDURER

EUUUH... ABANDONNER L'IDÉE D'ESSAYER D'EN PLACER UNE.

09H35

RESTE 385 MINUTES À ENDURER

RACCROCHER SOUDAINEMENT EN PRÉTEXTANT UNE SURCHARGE INOUÏE DE TRAVAIL.

09H36

RESTE 384 MINUTES À ENDURER

REMETTRE DE L'ORDRE SUR SON BUREAU.

09H37

—| RESTE 383 MINUTES À ENDURER |—

CHANGER L'EMPLACEMENT DES MEUBLES.

09H38

RESTE 382 MINUTES À ENDURER

TÉLÉPHONER À SON DENTISTE.

09H39

RESTE 381 MINUTES À ENDURER

LÂCHER DES PHRASES PLEINES DE SOUS-ENTENDUS OBSCURS.

09H40

RESTE 380 MINUTES À ENDURER

PERDRE UN AMI.

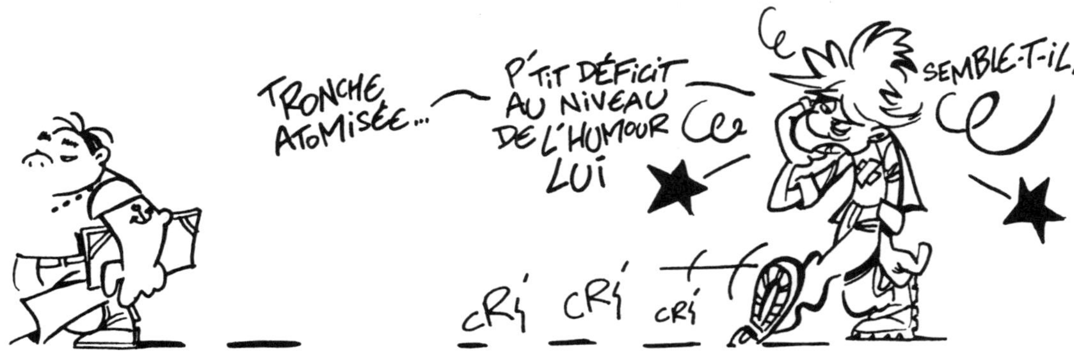

09H41

RESTE 379 MINUTES À ENDURER

ATTENTION ! ENTENDRE LA VOIX DU PATRON.

09H42

RESTE 378 MINUTES À ENDURER

COUDE SUR LA TABLE,

MAIN SUR LE FRONT,

FRONCER LES SOURCILS D'UN AIR ABSÓRBÉ.

09ᴴ43

RESTE 377 MINUTES À ENDURER

ENTENDRE LA MENACE S'ÉLOIGNER.

09H44

RESTE 376 MINUTES À ENDURER

SOUFFLER.
AVOIR
(UN PEU) STRESSÉ.

09H45

RESTE 375 MINUTES À ENDURER

PRENDRE UN ANTI-DÉPRESSEUR ET UN NEURO-RELAXANT.

09H46

RESTE 374 MINUTES À ENDURER

SE DEMANDER COMBIEN IL Y A DE FEUILLES DANS UN P'TIT BLOC DE POST-IT.

09H47

— RESTE 373 MINUTES À ENDURER —

NE PAS ÊTRE PLUS AVANCÉ.

09H48

RESTE 372 MINUTES À ENDURER

PLANQUER UNE CHAUSSETTE PERSO À DATE LIMITE DE CONSO DÉPASSÉE DANS LA VESTE DE PICHON.

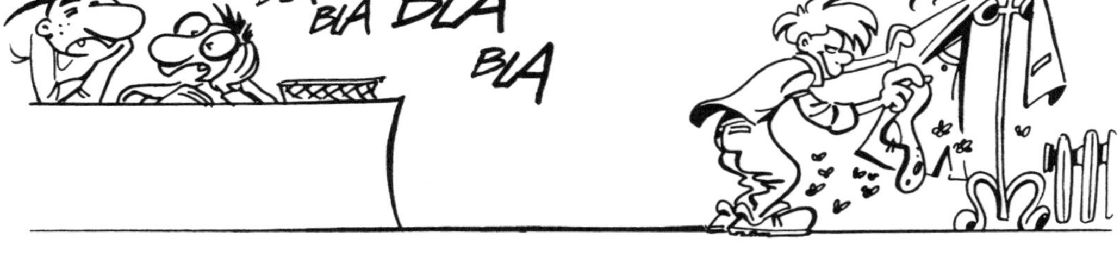

09H49

RESTE 371 MINUTES À ENDURER

EXIGER DE NE TRAVAILLER QUE SUR MINITEL.

09H50

RESTE 370 MINUTES À ENDURER

TAPOTER 36-15 DÉGRIFF-TOUR.

09H51

RESTE 369 MINUTES À ENDURER

RÊVASSER UNE MINUTE.

09H52

RESTE 368 MINUTES À ENDURER

SE COMMANDER UN VOL PARADISIAQUE JUSTE POUR LE FUN.

09H53

RESTE 367 MINUTES À ENDURER

Y AVOIR CRU JUSTE UN INSTANT PUIS TOUT ANNULER.

09H54

RESTE 366 MINUTES À ENDURER

ALLUMER L'ORDINATEUR.

09H55

RESTE 365 MINUTES À ENDURER

COMMENT ON FAIT DÉJÀ ? CHERCHER LA NOTICE.

09H56

RESTE 364 MINUTES À ENDURER

CHANGER SA PHOTO DE PROFIL FACEBOOK.

09H57

RESTE 363 MINUTES À ENDURER

VÉRIFIER SUR SON SMART PHONE QUE SA PHOTO DE PROFIL FACEBOOK A BIEN ÉTÉ CHANGÉE.

09H58

RESTE 362 MINUTES À ENDURER

SORTIR SOUS N'IMPORTE QUEL PRÉTEXTE.

09H59

RESTE 361 MINUTES À ENDURER

SORTIR SOUS VRAIMENT N'IMPORTE QUEL PRÉTEXTE.

VOUS VENEZ DE TRAVAILLER 2 HEURES. BRAVO.

BILAN.

ÉTAT GÉNÉRAL À 10 HOO.

PAGE CHECK-UP
RECOMMANDÉE
EXPRESSÉMENT PAR LE MINISTÈRE DE LA SANTÉ
(QUI NE PLAISANTE GUÈRE AVEC CES CHOSES-LÀ.)

CHECK-UP.

ÉTAT DE L'ESTOMAC

GARGOUILLIS PRONONCÉS & MUQUEUSE GASTRIQUE À L'AFFÛT.

OBJECTIF CANTINE ACCESSIBLE DANS 120 MN.

TAUX D'ENGOURDISSEMENT

50%

POIDS DES PAUPIÈRES : NETTE AUGMENTATION

MOTIVATION : INTROUVABLE

COUPS DE FIL PERSO ENVISAGEABLES PAR JOUR : 010

RESTANT À PASSER : 006

ÉTAT DES ACCUS ÉNERGÉTIQUES

COURAGE.
RESTE
360 MINUTES
À ENDURER.

10H00

RESTE 360 MINUTES À ENDURER

SOULEVER LE PREMIER DOSSIER SUR LA PILE.

10H01

RESTE 359 MINUTES À ENDURER

HÉSITER À SE METTRE AU TRAVAIL.

10H02

RESTE 358 MINUTES À ENDURER

SENTIR UNE PETITE FAIM SUBITE.

10H03

RESTE 357 MINUTES À ENDURER

ÊTRE OBLIGÉ DE REPOSER LE DOSSIER SUR LA PILE.

10H04

RESTE 356 MINUTES À ENDURER

SE DIRIGER VERS LE DISTRIBUTEUR À COCHONNERIES SURCALORIQUES.

10H05

RESTE 355 MINUTES À ENDURER

SE FAIRE TAXER DU FLOUZE

PAR PICHON.

10H06

RESTE 354 MINUTES À ENDURER

NE PLUS AVOIR DE MONNAIE POUR SOI.

10H07

RESTE 353 MINUTES À ENDURER

ENVOYER PICHON TAXER DU FLOUZE À LA STANDARDISTE.

10H08

RESTE 352 MINUTES À ENDURER

RÂLER PARCE QU'YA JAMAIS DE NUTS DANS CE FICHU DISTRIBUTEUR.

10H09

RESTE 351 MINUTES À ENDURER

DÉCOUVRIR QU'IL Y A UN JEU SUR L'EMBALLAGE.

10H10

RESTE 350 MINUTES À ENDURER

SE POURRIR LES YEUX EN ESSAYANT DE DÉCRYPTER LE JEU.

10H11

RESTE 349 MINUTES À ENDURER

NE PAS CONNAÎTRE LA RÉPONSE À LA QUESTION-MYSTÈRE.

10H12

RESTE 348 MINUTES À ENDURER

INTERROGER TOUT LE MONDE SUR LA QUESTION-MYSTÈRE.

10H13

RESTE 347 MINUTES À ENDURER

CHERCHER AVEC ROBERT SUR INTERNET.

10H14

RESTE 346 MINUTES À ENDURER

PAS TROUVER DU TOUT LA RÉPONSE.

10H15

RESTE 345 MINUTES À ENDURER

RETOURNER À SON POSTE

DE TRAVAIL EN INGURGITANT

D'UNE TRAITE LA BARRE CHOCOLATÉE.

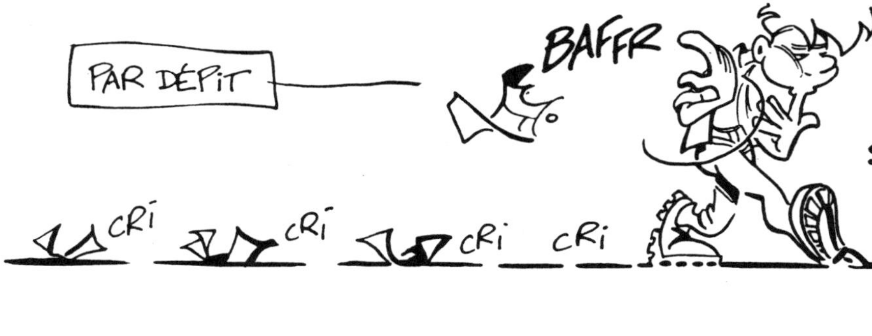

10H16

RESTE 344 MINUTES À ENDURER

RÉDIGER UNE PLAINTE ADMINISTRATIVE.

Cher fabricant de distributeur~~s~~ de cochonneries surcaloriques, je vous fait~~s~~ part de mon indignassion face à la non-présence de nuts dans vos an...

10H17

RESTE 343 MINUTES À ENDURER

DISCUTER DES PROGRAMMES TÉLÉ DE LA VEILLE.

10H18

RESTE 342 MINUTES À ENDURER

SORTIR TÉLÉ Z QU'ON VIENT D'ACHETER.

10H19

RESTE 341 MINUTES À ENDURER

CHOISIR SON PROGRAMME TÉLÉ DU SOIR.

10H20

RESTE 340 MINUTES À ENDURER

DEMANDER À PICHON DE NOUS TÉLÉCHARGER LE BLOCKBUSTER QUI SORT DEMAIN AU CINÉ.

10H21

RESTE 339 MINUTES À ENDURER

LIRE LA PETITE BD INSIGNIFIANTE.

10H22

RESTE 338 MINUTES À ENDURER

LIRE LES BLAGUES POURRAVES À HAUTE VOIX.

10H23

RESTE 337 MINUTES À ENDURER

SE PRENDRE LE BIDE DE L'ANNÉE. ACCUSER TÉLÉ Z.

10H24

RESTE 336 MINUTES À ENDURER

LIRE L'HOROSCOPE.

10H25

RESTE 335 MINUTES À ENDURER

FAIRE PANIQUER NICOLE.

10H26

RESTE 334 MINUTES À ENDURER

FAIRE MONTER LA PRESSION.

10H27

RESTE 333 MINUTES À ENDURER

LIRE LA NUMÉROLOGIE À SES COLLÈGUES.

10H28

RESTE 332 MINUTES À ENDURER

LIRE L'ÉROSCOPE CHINOIS.

10H29

RESTE 331 MINUTES À ENDURER

ALLEZ, TANT QU'ON Y EST, TAPER 36-15 ZODIATEL SUR LE MINITEL.

10H30

RESTE 330 MINUTES À ENDURER

CONTINUER DE FEUILLETER TÉLÉ Z.

S'ESSAYER AUX MOTS CROISÉS.

10H31

RESTE 329 MINUTES À ENDURER

YA VRAIMENT

RIEN DE PLUS CHIANT

AU MONDE QUE LES MOTS CROISÉS. ABANDONNER.

10H32

RESTE 328 MINUTES À ENDURER

DÉGRAFFER LA PAGE D'UNE RECETTE ALLÉCHANTE.

10H33

RESTE 327 MINUTES À ENDURER

PHOTO-COPIER LA RECETTE DU POULET-PAMPLEMOUSSE.

10H34

RESTE 326 MINUTES À ENDURER

RATER LA PREMIÈRE COPIE.

S'APPLIQUER SUR LE CADRAGE.

10H35

RESTE 325 MINUTES À ENDURER

FAXER LA RECETTE À SA MÈRE QUI BOSSE À LA SÉCU.

10H36

RESTE 324 MINUTES À ENDURER

ALLER SE POSTER À CÔTÉ DE SON TÉLÉPHONE. ATTENDRE.

10H37

RESTE 323 MINUTES À ENDURER

ENTENDRE LA SONNERIE DU TÉLÉPHONE. DÉCROCHER.

10H38

RESTE 322 MINUTES À ENDURER

ÉCOUTER SA MÈRE NOUS DIRE DES CHOSES PASSIONNANTES.

10H39

RESTE 321 MINUTES À ENDURER

AVOIR À NOUVEAU UNE SURCHARGE INOUÏE DE TRAVAIL.

10H40

RESTE 320 MINUTES À ENDURER

S'ÉPILER LES POILS DE LA MAIN.

10H41

RESTE 319 MINUTES À ENDURER

RETENIR SA RESPIRATION PENDANT 1 MINUTE.

10H42

RESTE 318 MINUTES À ENDURER

RESPIRER.
ESSAYER
DE REPRENDRE SON SOUFFLE.

10H43

RESTE 317 MINUTES À ENDURER

TÉLÉPHONER À UN POTE CHÔMEUR.

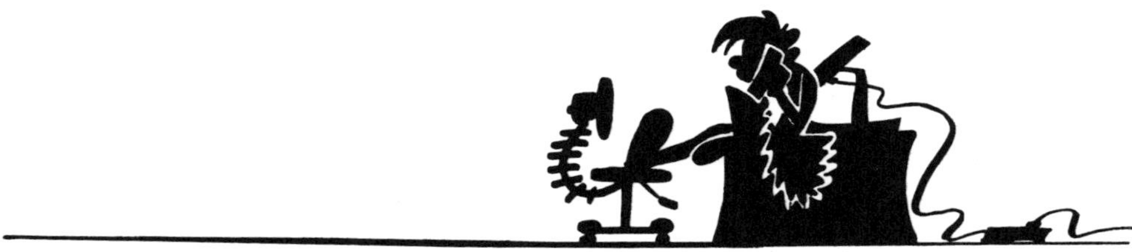

10H44

RESTE 316 MINUTES À ENDURER

L'ENVIER.

10H45

RESTE 315 MINUTES À ENDURER

LUI DEMANDER DE DESCENDRE AVEC SON SANS-FIL EN BAS DE CHEZ LUI.

10H46

RESTE 314 MINUTES À ENDURER

LUI DEMANDER

DE RENTRER DANS UN BUREAU

DE TABAC.

10H47

RESTE 313 MINUTES À ENDURER

LUI DEMANDER DE NOUS ACHETER UN TICKET MILLIONNAIRE.

10H48

RESTE 312 MINUTES À ENDURER

LE LUI FAIRE GRATTER.

FAIRE DURER LE SUSPENSE.

10H49

RESTE 311 MINUTES À ENDURER

GAGNER
2 EUROS.
YOUPIE.

10H50

RESTE 310 MINUTES À ENDURER

LUI EN FAIRE ACHETER UN AUTRE.

LE LUI FAIRE GRATTER.

10H51

RESTE 309 MINUTES À ENDURER

PERDRE.

10H52

RESTE 308 MINUTES À ENDURER

LUI DIRE D'INSCRIRE 2 EUROS SUR SON ARDOISE.

10H53

RESTE 307 MINUTES À ENDURER

RACCROCHER PUIS SE DEMANDER S'IL NE GARDERAIT PAS PLUTÔT POUR LUI TOUT GRATTAGE BÉNÉFICIAIRE.

10H54

RESTE 306 MINUTES À ENDURER

ÊTRE PRIS D'UNE VIVE INQUIÉTUDE.

10H55

RESTE 305 MINUTES À ENDURER

CHERCHER DANS L'ANNUAIRE LE NUMÉRO DU BUREAU DE TABAC.

10H56

RESTE 304 MINUTES À ENDURER

TÉLÉPHONER. DEMANDER SI Y A PAS EU UN GRAND GAGNANT DANS LES 5 DERNIÈRES MINUTES.

10H57

RESTE 303 MINUTES À ENDURER

ÊTRE RASSURÉ.

RACCROCHER.

10H58

RESTE 302 MINUTES À ENDURER

SOUFFLER.

10H59

RESTE 301 MINUTES À ENDURER

PRENDRE UNE PAUSE MÉRITÉE.

VOUS VENEZ DE TRAVAILLER 3 HEURES. BRAVO. NON SÉRIEUX, C'EST VACHTE BIEN. BALÈZE.

BILAN.

ÉTAT GÉNÉRAL À 11HOO.

PAGE CHECK-UP
À SUIVRE SCRUPULEUSEMENT POUR FAIRE PLAISIR AU MINISTÈRE DE LA SANTÉ

CHECK-UP.

ÉTAT DE L'ESTOMAC

PANIQUE. LES SUCS GASTRIQUES TRANSPIRENT LEUR RACE.
DERNIÈRE LIGNE DROITE. OBJECTIF CANTINE DANS 60 MN.

TAUX D'ENGOURDISSEMENT

99,9999 %

POIDS DES PAUPIÈRES : ACIER TREMPÉ
MOTIVATION : EXPLOSÉE

COUPS DE FIL PERSO ENVISAGEABLES PAR JOUR : 010
RESTANT À PASSER : 004

ÉTAT DES ACCUS ÉNERGÉTIQUES

COURAGE.
RESTE
300 MINUTES
À ENDURER.

(OBJECTIF CANTINE ACCESSIBLE DANS 60 MN,
OBJECTIF CANTINE ACCESSIBLE DANS 60 MN.)

11H00

RESTE 300 MINUTES À ENDURER

SORTIR SON COURRIER PERSO REÇU CHEZ SOI LA VEILLE.

11H01

RESTE 299 MINUTES À ENDURER

OUVRIR LA PREMIÈRE ENVELOPPE.

11H02

RESTE 298 MINUTES À ENDURER

BIEN RECOMPTER MINUTIEUSEMENT LA FACTURE.

11H03

RESTE 297 MINUTES À ENDURER

FAIRE LE CHÈQUE POUR LA FACTURE EDF.

11H04

RESTE 296 MINUTES À ENDURER

TAXER DISCRÉTOS UNE ENVELOPPE AU SECRÉTARIAT.

11H05

RESTE 295 MINUTES À ENDURER

GLISSER L'ENVELOPPE DANS LA PILE DE COURRIER EN URGENCE.

11H06

RESTE 294 MINUTES À ENDURER

REGAGNER SON POSTE DE TRAVAIL.

11H07

RESTE 293 MINUTES À ENDURER

AVOIR REÇU UNE CARTE POSTALE D'UNE COLLÈGUE EN CONGÉS À IBIZA.

11H08

RESTE 292 MINUTES À ENDURER

LIRE LA CARTE POSTALE.

11H09

RESTE 291 MINUTES À ENDURER

SERRER LES DENTS.

CONTENIR SA HAINE.

11H10

RESTE 290 MINUTES À ENDURER

LUI RÉPONDRE.

je suis au boulot. Il fait gris et je t'emmerde.

Mickey

11H11

RESTE 289 MINUTES À ENDURER

RECEVOIR UN COURRIER DE SA BANQUE ADORÉE.

NOUS VOUS PRIONS PAR LA PRÉSENTE DE BIEN VOULOIR RÉGULARISER VOTRE SITUATION AU PLUS VITE. MENACES, ETC. ETC.

11H12

RESTE 288 MINUTES À ENDURER

FAIRE UNE BOULETTE DE PAPIER

ET JETER TOUT ÇA DANS LA CORBEILLE.

11H13

RESTE 287 MINUTES À ENDURER

VÉRIFIER ET CALCULER SES RELEVÉS DE COMPTE.

11H14

RESTE 286 MINUTES À ENDURER

TÉLÉPHONER À LA BOÎTE VOCALE DE SA BANQUE.

11H15

RESTE 285 MINUTES À ENDURER

ÉCOUTER LA VOIX MIXÉE D'UN R2D2 ET D'UNE HÔTESSE DE L'AIR PÉROXYDÉE ANNONCER UNE MAUVAISE NOUVELLE

11H16

RESTE 284 MINUTES À ENDURER

ÊTRE DÉGOÛTÉ DE TRAVAILLER. RACCROCHER.

11H17

RESTE 283 MINUTES À ENDURER

RAMASSER DES FONDS AUPRÈS DES COLLÈGUES POUR UN CADEAU EN COMMUN.

11H18

RESTE 282 MINUTES À ENDURER

TENTER L'EMBROUILLE.

11H19

RESTE 281 MINUTES À ENDURER

CONTINUER LA COLLECTE AUPRÈS DE SON ENTOURAGE.

11H20

RESTE 280 MINUTES À ENDURER

COMPTER LE PACTOLE.

11H21

RESTE 279 MINUTES À ENDURER

FAIRE L'AMOUR DANS UN PLACARD AVEC LA PREMIÈRE QUI VEUT BIEN.

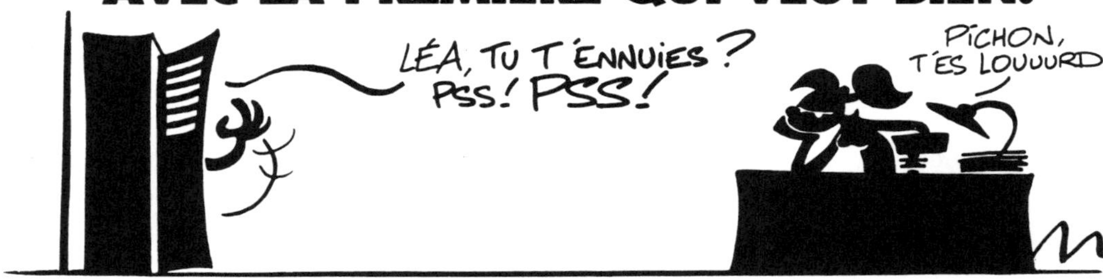

11H22

RESTE 278 MINUTES À ENDURER

OPTIMISER ET SAISIR TOUTE ENVIE D'ALLER AUX TOILETTES OU MICRO-FAIM APPARAISSANTE.

11H23

RESTE 277 MINUTES À ENDURER

SORTIR UN PAQUET DE COOKIES,

ÊTRE ENTOURÉ D'AMIS DÉSINTÉRESSÉS.

11H24

RESTE 276 MINUTES À ENDURER

SE JURER LA PROCHAINE FOIS DE S'EMPIFFRER LES COOKIES DISCRÉTOS.

11H25

RESTE 275 MINUTES À ENDURER

PAS AVOIR TRÈS FAIM MAIS SE COMMANDER UN CLUB-SANDWICH PAR COURSIER.

11H26

RESTE 274 MINUTES À ENDURER

HÉSITER ENTRE

UN SANDWICH GUACAMOLE

ET UN QUADRA-STRATE HAMBURGER 22,5 CM.

11H27

— RESTE 273 MINUTES À ENDURER —

OPTER POUR L'ALIMENT LE PLUS ONÉREUX.

11H28

RESTE 272 MINUTES À ENDURER

METTRE DE LA GARAGE-MUSIC

(OU PIRE, DU MAURANNE)

SUR LE POSTE RADIO EN COMMUN.

11H29

RESTE 271 MINUTES À ENDURER

VOIR COMBIEN DE TEMPS LES COLLÈGUES VONT TENIR.

11H30

RESTE 270 MINUTES À ENDURER

PAS LONGTEMPS.

11H31

RESTE 269 MINUTES À ENDURER

PRENDRE SON WALKMAN ET METTRE SA CASSETTE DE GARAGE-MUSIC LA PLUS INAUDIBLE.

11H32

RESTE 268 MINUTES À ENDURER

SAVOIR QU'ON DÉMANGE LES NERFS DE TOUT LE MONDE MAIS FAIRE LE SOURD.

11H33

RESTE 267 MINUTES À ENDURER

MASQUER SA MONTRE ET ESSAYER DE DEVINER L'HEURE.

11^H34

RESTE 266 MINUTES À ENDURER

REGARDER.

11H35

RESTE 265 MINUTES À ENDURER

TÉLÉPHONER À UNE SEX LINE.

11H36

RESTE 264 MINUTES À ENDURER

ÉCOUTER DES HORREURS ÉMOUSTILLANTES AU TÉLÉPHONE.

11H37

RESTE 263 MINUTES À ENDURER

APPELER MONIQUE ET TRANSMETTRE L'APPEL SUR SON POSTE.

11H38

RESTE 262 MINUTES À ENDURER

ÉTUDIER LES VARIATIONS DE L'EXPRESSION FACIALE DE MONIQUE.

11H39

RESTE 261 MINUTES À ENDURER

RIRE COMME DES BALEINES.

11H40

RESTE 260 MINUTES À ENDURER

MATER AVEC INSISTANCE LE SIÈGE ERGONOMIQUE DE SA VOISINE DE BUREAU.

11H41

RESTE 259 MINUTES À ENDURER

ENVIER
CE SIÈGE
PLUS CONFORTABLE QUE LE NÔTRE.

11H42

RESTE 258 MINUTES À ENDURER

LÂCHER D'UN TON MONOCORDE :

11H43

RESTE 257 MINUTES À ENDURER

MARQUER UN SILENCE.

11H44

RESTE 256 MINUTES À ENDURER

VOIR SA VOISINE DE BUREAU S'ABSENTER QUELQUES MINUTES POUR RAISONS PROFESSIONNELLES.

11H45

RESTE 255 MINUTES À ENDURER

LUI TAXER SON SIÈGE TOP MOELLEUX.

11 H 46

RESTE 254 MINUTES À ENDURER

RECEVOIR SON CLUB-SANDWICH.

ÊTRE ENVIÉ DE TOUS.

11H47

RESTE 253 MINUTES À ENDURER

RÉPÉTER 30 FOIS AUX COLLÈGUES FILLES ANÉMIQUES (ADEPTES DU MIDI SALADE-PERSIL-BROCOLIS) :

11H48

RESTE 252 MINUTES À ENDURER

PRENDRE RENDEZ-VOUS CHEZ LE COIFFEUR.

11H49

RESTE 251 MINUTES À ENDURER

SE FAIRE INSULTER.

11H50

RESTE 250 MINUTES À ENDURER

ÉCHANGER UN TICKET-RESTAU CONTRE UN TICKET MENU MAC DELUXE CHEZ MACDO.

11H51

RESTE 249 MINUTES À ENDURER

DEMANDER AUX AUTRES OÙ ILS VONT MANGER.

11H52

RESTE 248 MINUTES À ENDURER

DIRE AUX AUTRES OÙ ON VA MANGER.

11H53

RESTE 247 MINUTES À ENDURER

SE PLAINDRE D'AVOIR TRÈÈÈÈS FAIM.

11H54

RESTE 246 MINUTES À ENDURER

ÉCOUTER LES AUTRES SE PLAINDRE D'AVOIR TRÈÈÈS FAIM.

11H55

RESTE 245 MINUTES À ENDURER

RANGER SON BUREAU AVANT D'ALLER MANGER.

11H56

RESTE 244 MINUTES À ENDURER

ALLER CHERCHER PICHON AVANT D'ALLER MANGER.

PAS TROUVER PICHON, CHERCHER PARTOUT-PARTOUT.

11H57

RESTE 243 MINUTES À ENDURER

TOMBER SUR PICHON QUI NOUS CHERCHAIT PARTOUT-PARTOUT POUR ALLER MANGER.

11H58

RESTE 242 MINUTES À ENDURER

FAIRE UN CONCOURS DE GARGOUILLIS D'ESTOMAC.

11H59

RESTE 241 MINUTES À ENDURER

DÉGUERPIR.

12H !!

BRAVO.
VOUS AVEZ
MÉRITÉ
UNE PAUSE.

VOUS RECHARGEZ VOS ACCUS.

COUPE

SCIENTIFICO-APPROXIMATIVE

D'ESTOMAC.

(MICKEY- OESOPHAGE PERSO.)

TUBE DIGESTIF & INTESTIN : ACCÈS BLOQUÉ. LOURDEUR. HEURE DE POINTE.

DO NOT DISTURB.

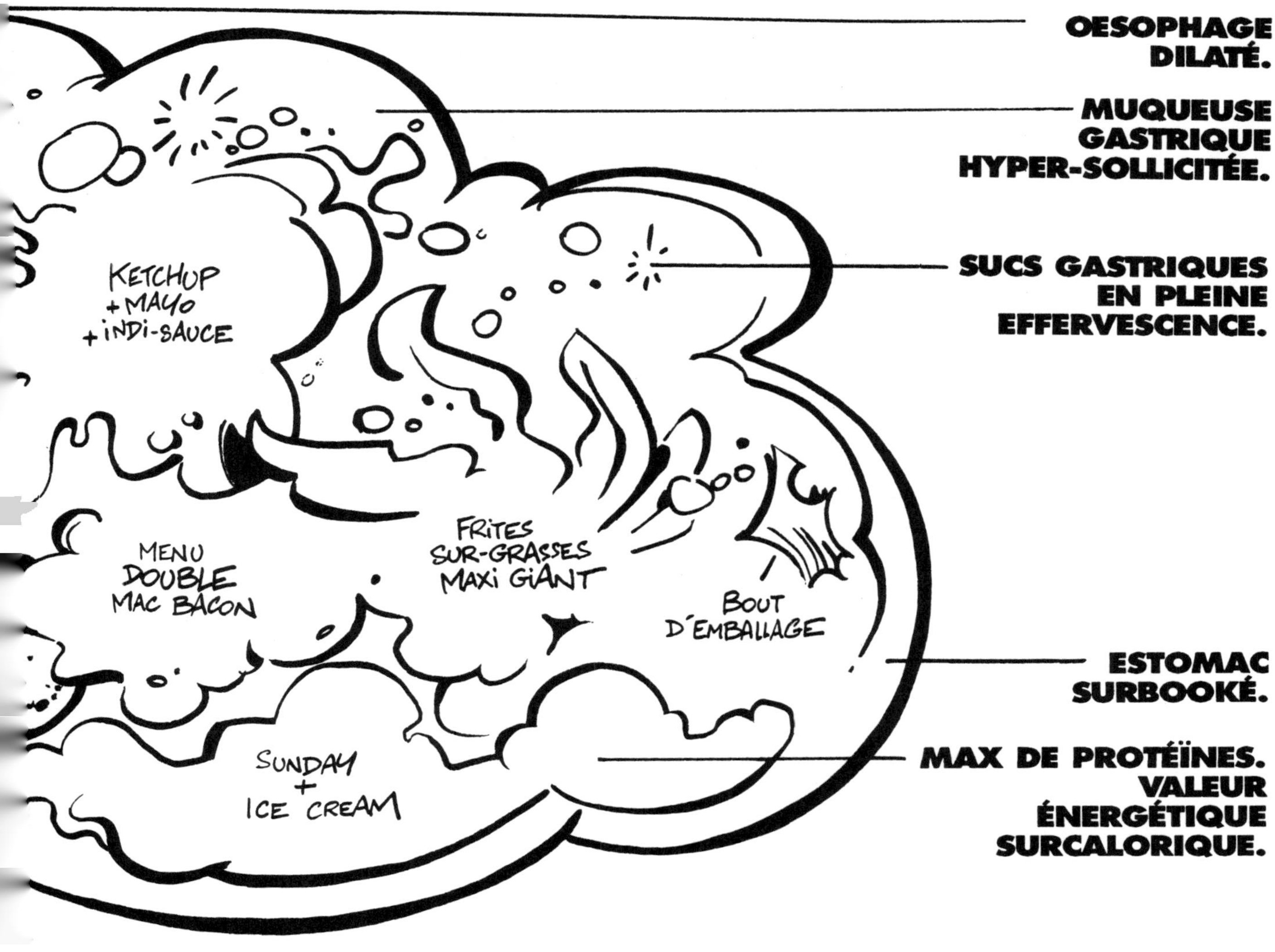
OESOPHAGE DILATÉ.
MUQUEUSE GASTRIQUE HYPER-SOLLICITÉE.
SUCS GASTRIQUES EN PLEINE EFFERVESCENCE.
KETCHUP + MAYO + INDI-SAUCE
MENU DOUBLE MAC BACON
FRITES SUR-GRASSES MAXI GIANT
BOUT D'EMBALLAGE
ESTOMAC SURBOOKÉ.
SUNDAY + ICE CREAM
MAX DE PROTÉÏNES. VALEUR ÉNERGÉTIQUE SURCALORIQUE.

COURAGE.
RESTE ENCORE
L'APRÈS-MIDI
À ENDURER.

ÇA VA PAS ÊTRE
FASTOCHE.

C'EST PAS GAGNÉ. ON Y RETOURNE.

...PRÊT ?

GO.

14H00

RESTE 240 MINUTES À ENDURER

ÊTRE EN RETARD.

14H01

RESTE 239 MINUTES À ENDURER

ÊTRE EN RETARD.

14H02

RESTE 238 MINUTES À ENDURER

ÊTRE EN RETARD.

14H03

RESTE 237 MINUTES À ENDURER

REVENIR DE LA PISCINE, POUSSER LA PORTE D'ENTRÉE LES CHEVEUX MOUILLÉS.

14H04

RESTE 236 MINUTES À ENDURER

SE SÉCHER LES CHEVEUX AU AU SÈCHE-MAINS DES TOILETTES.

14H05

RESTE 235 MINUTES À ENDURER

ADMIRER LE RÉSULTAT.

14H06

RESTE 234 MINUTES À ENDURER

SE BROSSER LES DENTS APRÈS LE REPAS DE MIDI.

14H07

RESTE 233 MINUTES À ENDURER

TRÈS IMPORTANT L'HYGIÈNE BUCCO-DENTAIRE.

14H08

RESTE 232 MINUTES À ENDURER

DÉGOÛTER TOUT LE MONDE AVEC DU FIL DENTAIRE.

14H09

RESTE 231 MINUTES À ENDURER

SE COTONTIGER LES OREILLES.

14H10

RESTE 230 MINUTES À ENDURER

S'EXPLOSER LES POINTS NOIRS.

14H11

RESTE 229 MINUTES À ENDURER

SE REMAQUILLER

& SE DESSINER DES TACHES DE ROUSSEUR.

14H12

RESTE 228 MINUTES À ENDURER

SE LIMER LES DENTS ET SE CURER LES ONGLES (OU VICE VERSA).

14H13

RESTE 227 MINUTES À ENDURER

SE METTRE DU ROUGE AUX ONGLES.

14H14

RESTE 226 MINUTES À ENDURER

SE METTRE DU VERNIS AUX PIEDS.

14H15

RESTE 225 MINUTES À ENDURER

EMPRUNTER LE COUPE-ONGLE DES FILLES.

14H16

RESTE 224 MINUTES À ENDURER

SE COUPER LES ONGLES DES PIEDS.

14H17

RESTE 223 MINUTES À ENDURER

RACONTER CE QU'ON A MANGÉ AU MACDO.

14H18

RESTE 222 MINUTES À ENDURER

DEMANDER D'UN AIR ULTRA-INTÉRESSÉ CE QU'ONT INGURGITÉS LES COLLÈGUES À LA CAFÈT.

14H19

RESTE 221 MINUTES À ENDURER

TÉLÉPHONER À BORA BORA SUR LE POSTE TÉLÉPHONIQUE D'UN VOISIN DE BUREAU.

14H20

RESTE 220 MINUTES À ENDURER

ALLER FAIRE DES PHOTOCOPIES À L'HEURE DE POINTE À LA PHOTOCOPIEUSE.

14H21

RESTE 219 MINUTES À ENDURER

PASSER DEVANT TOUT LE MONDE EN FAISANT L'AUTISTE.

14H22

RESTE 218 MINUTES À ENDURER

PAS MOUFTER ET REPARTIR SOUS LA HAINE GÉNÉRALE.

14H23

RESTE 217 MINUTES À ENDURER

TAPOTER SUR LE MINITEL ROSE.

14H24

RESTE 216 MINUTES À ENDURER

INSCRIRE PICHON

DANS LA RUBRIQUE

«BEL APOLLON TOTAL-LOOK PIERCING CHERCHE DOMINÉ TIMORÉ POUR VIOLENTS SÉVICES & PLUS SI AFFINITÉS».

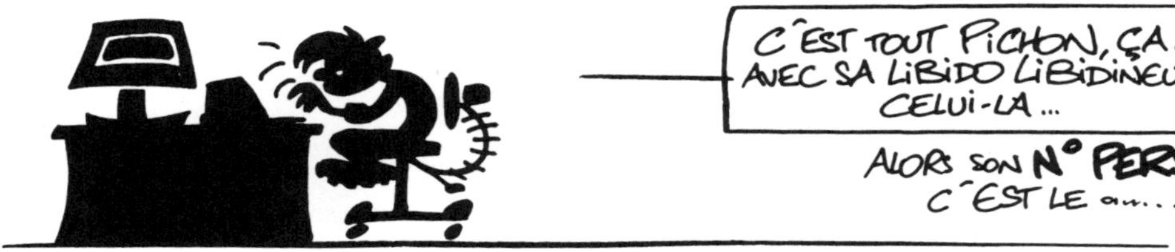

14H25

RESTE 215 MINUTES À ENDURER

REGARDER FIXEMENT LA TROTTEUSE DE SA MONTRE.

14H26

RESTE 214 MINUTES À ENDURER

LES SECONDES ÇA PASSE PAS VITE.

PRENDRE LE TÉLÉPHONE.

14H27

RESTE 213 MINUTES À ENDURER

COMPOSER LE NUMÉRO DE L'HORLOGE PARLANTE. ÉCOUTER.

14H28

RESTE 212 MINUTES À ENDURER

COMPARER AVEC LA TROTTEUSE.

ÇA VA PAS PLUS VITE.

14H29

RESTE 211 MINUTES À ENDURER

REMPLIR UNE GRILLE DE LOTO EN DEMANDANT LE CHIFFRE PORTE-CHANCE DE TOUT LE MONDE.

14H30

RESTE 210 MINUTES À ENDURER

SE CASSER LA FIGURE DE SA CHAISE.

14H31

RESTE 209 MINUTES À ENDURER

CHERCHER L'HÉMATOME.

RÉCLAMER UN ARRÊT

ACCIDENT DU TRAVAIL.

14H32

RESTE 208 MINUTES À ENDURER

TROUVER L'HÉMATOME. EXIGER UNE PENSION INVALIDITÉ.

14H33

RESTE 207 MINUTES À ENDURER

BICHONNER & TAILLER

LE P'TIT CACTUS À CÔTÉ DU MACINTOSH POUR ABSORBER LES MAUVAISES ONDES.

14H34

RESTE 206 MINUTES À ENDURER

ALLER AVEC MICKEY À LA PHOTOCOPIEUSE.

14H35

RESTE 205 MINUTES À ENDURER

PARIER AVEC LUI QU'ON EST CAPABLE DE LA METTRE EN BOURRAGE EN MOINS D'UNE MINUTE.

14H36

RESTE 204 MINUTES À ENDURER

GAGNER SON PARI.

14H37

RESTE 203 MINUTES À ENDURER

RÉPARER LA PHOTOCOPIEUSE.

14H38

RESTE 202 MINUTES À ENDURER

PARIER 50 BALLES QUE PICHON N'EST PAS CAP' DE FAIRE C'QU'IL PROMET.

14H39

RESTE 201 MINUTES À ENDURER

REGARDER PICHON SE PHOTOCOPIER LES FESSES.

14H40

RESTE 200 MINUTES À ENDURER

ADMIRER LE RÉSULTAT.

14H41

RESTE 199 MINUTES À ENDURER

METTRE LE TAUX D'AGRANDISSEMENT À 200 %.

14H42

RESTE 198 MINUTES À ENDURER

RE-PHOTOCOPIER LES FESSES DE PICHON.

14H43

⊣ RESTE 197 MINUTES À ENDURER ⊢

ADMIRER (ADMIRER N'EST PAS LE MOT ADÉQUAT) LE RÉSULTAT.

14H44

RESTE 196 MINUTES À ENDURER

ÊTRE SURPRIS PAR LA NOUVELLE STAGIAIRE.

14H45

RESTE 195 MINUTES À ENDURER

L'INITIER AUX JOIES DE LA FRANCHE CAMARADERIE.

14H46

RESTE 194 MINUTES À ENDURER

DÉCOUVRIR LE CARACTÈRE TRÈS JOUEUR DE LA STAGIAIRE.

14H47

RESTE 193 MINUTES À ENDURER

LA LAISSER EXPRIMER SON IDÉE.

14H48

RESTE 192 MINUTES À ENDURER

●●●

14H49

RESTE 190 MINUTES À ENDURER

PRÉFÉRER LA FUITE.

SE PROMETTRE DE NE PAS LUI FAIRE LA BISE DE LA JOURNÉE.

14H50

RESTE 189 MINUTES À ENDURER

ÊTRE AU BUREAU COMPTA.

RECEVOIR UN FAX.

ESSAYER DE LE DÉCHIFFRER.

14H51

RESTE 189 MINUTES À ENDURER

ÉCHANGER EN DOUCE

LES CARTES SIM DES PORTABLES DE DEUX COLLÈGUES.

14H52

RESTE 188 MINUTES À ENDURER

EN L'ABSENCE DU PATRON,

OUVRIR EN DOUCE SON MINI FRIGO-BAR.

14H53

RESTE 187 MINUTES À ENDURER

SECOUER LES BOUTEILLES GAZEUSES UNE À UNE.

14H54

RESTE 186 MINUTES À ENDURER

CHERCHER UN PRÉNOM POUR LE FUTUR ENFANT QU'ON AURA SANS DOUTE UN JOUR.

14H55

RESTE 185 MINUTES À ENDURER

QUITTE À CHERCHER, CHERCHER LE PRÉNOM

DE LA FUTURE MÈRE DE CE FUTUR ENFANT À VENIR.

14H56

RESTE 184 MINUTES À ENDURER

ESSAYER DE S'EMBALLER LA PIRE STAGIAIRE EN MOINS D'1 MN.

14H57

RESTE 183 MINUTES À ENDURER

SE PRENDRE UN BIDE RETENTISSANT.

14H58

RESTE 182 MINUTES À ENDURER

PASSER PAR HASARD DEVANT LE COIN PHOTOCOPIEUSE.

SE FAIRE HAPPER PAR PICHON.

14H59

RESTE 181 MINUTES À ENDURER

VOIR PICHON DANS L'EMBARRAS.

VOUS VENEZ DE TRAVAILLER 5 HEURES. BRAVO.

BILAN.

ÉTAT GÉNÉRAL
À 15HOO.

PAGE CHECK-UP,
QUE LE MINISTÈRE DE LA SANTÉ IL Y TIENT.

CHECK-UP.

ÉTAT DE L'ESTOMAC

MUQUEUSE GASTRIQUE EN DIGESTION. SIESTE & SOMNOLENCE.
DERNIÈRE MI-TEMPS. OBJECTIF SORTIE DANS 180 MN.

TAUX D'ENGOURDISSEMENT

72,2222 %

POIDS DES PAUPIÈRES : LOURD, TRÈS LOURD
MOTIVATION : NO COMPRENDO

COUPS DE FIL PERSO ENVISAGEABLES PAR JOUR : 010
RESTANT À PASSER : 003

ÉTAT DES ACCUS ÉNERGÉTIQUES TOP-BOOSTÉS

COURAGE.
RESTE
180 MINUTES
À ENDURER.

15H00

RESTE 180 MINUTES À ENDURER

ENVIER QUELQU'UN QUI VIENT DE SE FAIRE VIRER.

15H01

RESTE 179 MINUTES À ENDURER

PRENDRE DU PAPIER BROUILLON.

REMPLIR SA POUBELLE AVEC.

15^H^02

RESTE 178 MINUTES À ENDURER

ALLER VIDER SA POUBELLE.

15H03

RESTE 177 MINUTES À ENDURER

LÉGUMISER.
ATTEINDRE LE
NÉANT ABSOLU. LE MOI PROFOND.

15H04

RESTE 176 MINUTES À ENDURER

SE DÉCIDER DE SE FAIRE À L'IDÉE DE SE METTRE AU TRAVAIL.

15H05

RESTE 175 MINUTES À ENDURER

ENVISAGER LA POSSIBILITÉ DE SE FAIRE À CETTE IDÉE.

15H06

RESTE 174 MINUTES À ENDURER

ALLEZ.
SE LANCER
UN ULTIMATUM.

15H07

RESTE 173 MINUTES À ENDURER

ÊTRE FIN PRÊT, CHERCHER LE STYLO ADÉQUAT.

15H08

— RESTE 172 MINUTES À ENDURER —

BEN QU'EST-CE QU'IL A CE STYLO ?

15H09

RESTE 171 MINUTES À ENDURER

CHERCHER UNE RECHARGE DE REMPLACEMENT.

15H10

RESTE 170 MINUTES À ENDURER

DÉMONTER SON STYLO.

15H11

RESTE 169 MINUTES À ENDURER

ENFIN, TENTER D'ESSAYER DE DÉMONTER SON STYLO.

15H12

RESTE 168 MINUTES À ENDURER

IL EST VRAIMENT TRÈS CON CE STYLO.

15H13

RESTE 167 MINUTES À ENDURER

RÉALISER QUE C'EST TRÈS COMPLIQUÉ L'INTÉRIEUR D'UN STYLO.

15H14

RESTE 166 MINUTES À ENDURER

FLÉCHIR LES GENOUX

ET PIVOTER LE BUSTE

À L'HORIZONTALE.

15H15

RESTE 165 MINUTES À ENDURER

PRÉFÉRER ABANDONNER LA PARTIE.

15H16

RESTE 164 MINUTES À ENDURER

SE DIRE QU'ON A GAGNÉ

10 MN AVEC

CETTE BÊTE HISTOIRE DE STYLO. ÊTRE SATISFAIT.

15H17

RESTE 163 MINUTES À ENDURER

DÉCIDER DE SE METTRE AU TRAVAIL.

15H18

RESTE 162 MINUTES À ENDURER

DÉJÀ VOUS DÉCOUVREZ L'ASPECT HYPNOPTIQUE DU TRAVAIL.

15H19

RESTE 161 MINUTES À ENDURER

VOS PAUPIÈRES SONT LOURDES.

15H20

RESTE 160 MINUTES À ENDURER

VOS PAUPIÈRES SONT TRÈS TRÈS LOURDES.

15H21

RESTE 159 MINUTES À ENDURER

PIONCER.

15H22

RESTE 158 MINUTES À ENDURER

SE RÉVEILLER EN SURSAUT.

CAUCHEMAR.

15H23

RESTE 157 MINUTES À ENDURER

SIMULER UNE FIÈVRE SUBITE.

15H24

RESTE 156 MINUTES À ENDURER

DEMANDER À ÊTRE EMMENÉ À L'INFIRMERIE.

15H25

RESTE 155 MINUTES À ENDURER

ESSAYER DE TESTER PHYSIQUEMENT L'EXPRESSION «DOIGTS DE PIEDS EN ÉVENTAIL».

15H26

RESTE 154 MINUTES À ENDURER

FAIRE DES FOUILLES ARCHÉOLOGIQUES.

15H27

RESTE 153 MINUTES À ENDURER

EXTRAIRE LE FRUIT DE SES RECHERCHES.

15H28

RESTE 152 MINUTES À ENDURER

VOULOIR L'ENVOYER EN PICHENETTE. LA VOIR MALENCONTREUSEMENT GLISSER D'ENTRE VOS DOIGTS.

15H29

RESTE 151 MINUTES À ENDURER

SE RETROUVER À 4 PATTES.

15H30

RESTE 150 MINUTES À ENDURER

RETROUVER LE RESSORT DU STYLO.

15H31

RESTE 149 MINUTES À ENDURER

SE FAIRE OFFRIR UN CHWOUING.

15H32

RESTE 148 MINUTES À ENDURER

MACHOUIL-LER LE CHWOUING

EN FAISANT UN MAX DE BRUIT.

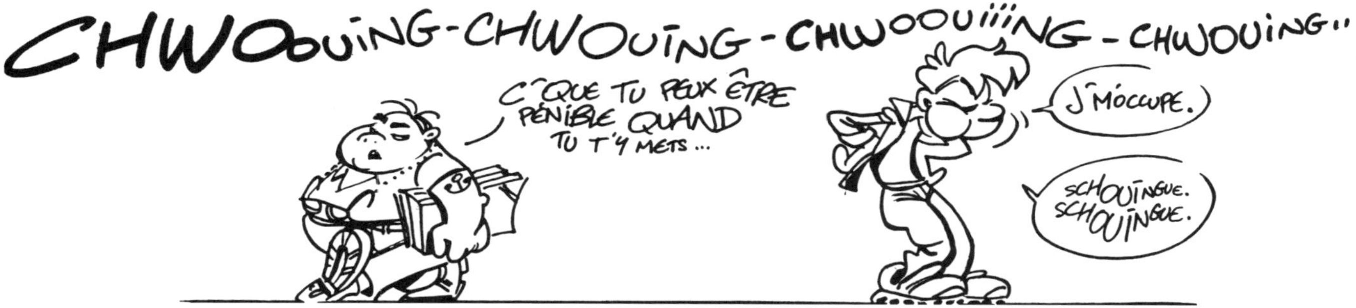

15H33

RESTE 147 MINUTES À ENDURER

L'ÉTIRER.
L'ÉTIRER
ENCORE.

15H34

RESTE 146 MINUTES À ENDURER

FAIRE UNE BULLE GIGANTESQUE.

15H35

RESTE 145 MINUTES À ENDURER

SE SENTIR BÊTE.

15H36

RESTE 144 MINUTES À ENDURER

S'AFFALER SUR LE SIÈGE ERGONOMIQUE QUE NOUS ENVIE NOTRE VOISINE DE BUREAU.

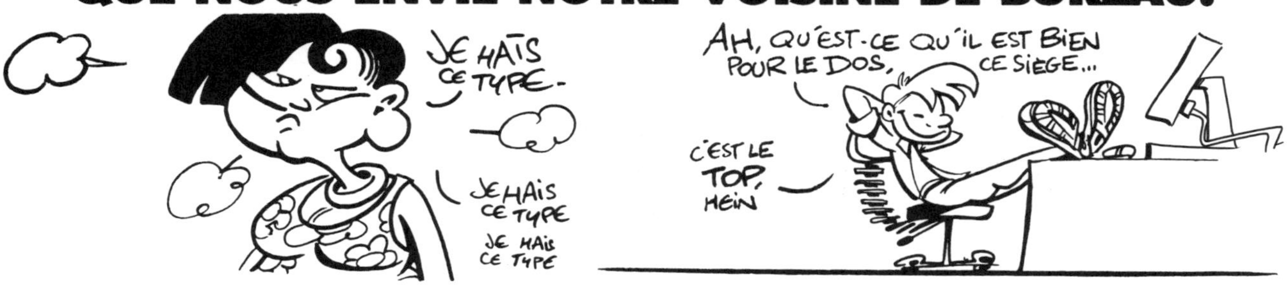

15H37

RESTE 143 MINUTES À ENDURER

SE METTRE PRÈS DE LA FE-NÊTRE POUR BRONZER AU SOLEIL.

15H38

RESTE 142 MINUTES À ENDURER

SE PLAINDRE QUE L'ÉCRAN D'ORDI EST ILLISIBLE AU SOLEIL.

15H39

RESTE 141 MINUTES À ENDURER

AU BOUT DE 2 MINUTES, CONSTATER QU'ON BRONZE PAS VITE.

15H40

RESTE 140 MINUTES À ENDURER

SE TARTINER D'AUTO-BRONZANT

5 MN-CHRONO MONTRE EN MAIN.

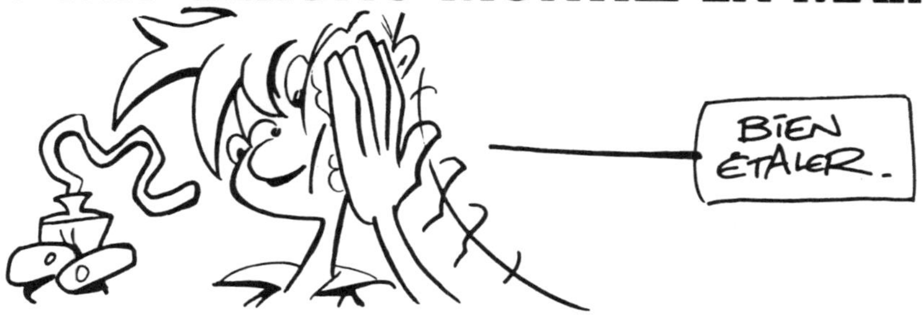

15H41

RESTE 139 MINUTES À ENDURER

AFFICHER TOUS NOS DERNIERS P'TITS ACHATS SHOPPING.

15H42

RESTE 138 MINUTES À ENDURER

FAIRE SON DÉSAGRÉABLE.

15H43

— RESTE 137 MINUTES À ENDURER —

S'ENTENDRE RÉPONDRE : AH BON ? OÙ ?

15H44

RESTE 136 MINUTES À ENDURER

TAXER DU MATÉRIEL DE BUREAU.

15H45

RESTE 135 MINUTES À ENDURER

DIRE À TOUT LE MONDE QU'ON REVIENT DES SPORTS D'HIVER.

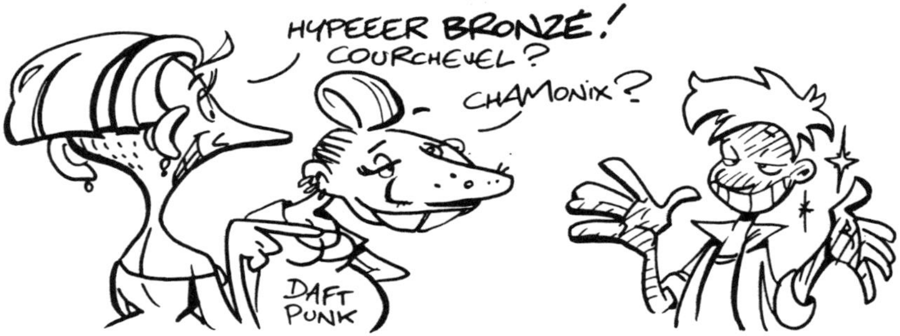

15H46

RESTE 134 MINUTES À ENDURER

TÉLÉPHONER AU HASARD.

TOMBER SUR UNE ENTREPRISE DE MOQUETTE.

15H47

RESTE 133 MINUTES À ENDURER

ESSAYER DE GARDER SON SÉRIEUX.

15H48

RESTE 132 MINUTES À ENDURER

TROUVER ÇA POILANT. RECOMMENCER.

15H49

RESTE 131 MINUTES À ENDURER

TOMBER SUR UNE COIFFEUSE À DOMICILE.

15H50

RESTE 130 MINUTES À ENDURER

PRENDRE RENDEZ-VOUS POUR LE SOIR MÊME.

15H51

RESTE 129 MINUTES À ENDURER

LANCER UN DÉBAT SUR LA CORRIDA.

15H52

RESTE 128 MINUTES À ENDURER

BRICOLER DES OBJETS ESTHÉTIQUEMENT AVANT-GARDISTES À PARTIR DE TROMBONES.

15H53

RESTE 127 MINUTES À ENDURER

AVANT-AVANT-GARDISTES, MÊME.

15H54

RESTE 126 MINUTES À ENDURER

SUSCITER LA JALOUSIE MESQUINE DE COLLÈGUES AIGRIS ET RETORS.

15H55

RESTE 125 MINUTES À ENDURER

TOUCHER DU DOIGT LA PROFONDEUR ABYSSALE DE LEUR BASSESSE D'ESPRIT.

15H56

RESTE 124 MINUTES À ENDURER

AFFINER SA TECHNIQUE CRÉATRICE ET FAIRE DES PROJETS D'AVENIR.

OUI, TROMBONE + GOMME SCULPTÉE. LA GOMME EST UN MATÉRIAU NOBLE QUI SE TRAVAILLE MANUELLEMENT...

JE VENDRAI MES CRÉATIONS AUX PUCES DANS UN 1ER TEMPS...

PUIS UNE GALERIE ME REPÉRERA ET ALORS C'EST UNI À JAMAIS AVEC LE SUCCÈS QUE JE....

15H57

RESTE 123 MINUTES À ENDURER

ALLER VOIR UN COLLÈGUE DÉPRESSIF.

PAS LUI REMONTER LE MORAL DU TOUT.

15H58

RESTE 122 MINUTES À ENDURER

DÉCIDER D'ALLER CHERCHER DES CLOPES EN BAS.

15H59

RESTE 121 MINUTES À ENDURER

DESCENDRE PAR L'ASCENSEUR

ET L'ATTENDRE LONGTEMPS (ALORS QU'ON EST AU 1ER ÉTAGE).

VOUS VENEZ DE TRAVAILLER 6 HEURES. BRAVO.

BILAN.

ÉTAT GÉNÉRAL À 16H00.

PAGE CHECK-UP
RECOMMANDÉE PAR DEVINEZ QUI.

CHECK-UP.

ÉTAT DE L'ESTOMAC

DIGESTION MOLLE. ENNUI PROFOND. AIGREURS BOUILLONNANTES. DÉMANGEAISONS NERVEUSES. MARRE DE LÉGUMISER.

TAUX D'ENGOURDISSEMENT

100%

POIDS DES PAUPIÈRES : 500 KG/PAUPIÈRE

TRÉPIGNEMENT : NETTE AUGMENTATION

COUPS DE FIL PERSO ENVISAGEABLES PAR JOUR : 010

RESTANT À PASSER : 001

ÉTAT DES ACCUS ÉNERGÉTIQUES

COURAAAGE.
RESTE
120 MINUTES
À ENDURER.

16H00

RESTE 120 MINUTES À ENDURER

S'ARRÊTER AU TABAC.

16H01

RESTE 119 MINUTES À ENDURER

BOUQUINER LES REVUES TRASH & RACOLEUSES. VOICI, GALA, ICI PARIS.

16H02

RESTE 118 MINUTES À ENDURER

REMONTER & FAIRE SON INTÉRESSANT AVEC TOUT PLEIN D'INFOS.

16H03

RESTE 117 MINUTES À ENDURER

FAIRE LA POSE DE 4 HEURES.

C'EST IMPORTANT ÇA LE 4 HEURES.

16H04

RESTE 116 MINUTES À ENDURER

SORTIR UNE GALETTE DES ROIS (MÊME EN PLEIN MOIS D'AOÛT).

16H05

RESTE 115 MINUTES À ENDURER

COUPER LA GALETTE DES ROIS EN S'APPLIQUANT.

16H06

RESTE 114 MINUTES À ENDURER

MANGER.

16H07

RESTE 113 MINUTES À ENDURER

PRENDRE RENDEZ-VOUS CHEZ LE DENTISTE DE TOUTE URGENCE.

16H08

RESTE 112 MINUTES À ENDURER

NETTOYER UNE À UNE TOUTES LES PETITES MIETTES AU SOL.

16H09

RESTE 111 MINUTES À ENDURER

ROTER PAR INADVERTANCE ET ACCUSER LA FAIBLE STAGIAIRE.

16H10

RESTE 110 MINUTES À ENDURER

REPÉRER UNE NANA DANS LE SERVICE QUI FAIT DU 95 C.

16H11

RESTE 109 MINUTES À ENDURER

RETOURNER S'ASSEOIR L'AIR DE RIEN.

16H12

RESTE 108 MINUTES À ENDURER

ATTENDRE 1 MINUTE.

POUFFER INTÉRIEUREMENT.

16H13

RESTE 107 MINUTES À ENDURER

SE RÉGALER LES YEUX.

SECRÉTER UN MAX D'ANDORPHINES AU NIVEAU OCULAIRE.

16H14

RESTE 106 MINUTES À ENDURER

LIRE.

SE COLTINER L'INTÉGRALE DES MÉMOIRES DU YORKSHIRE DE BELMONDO.

16H15

RESTE 105 MINUTES À ENDURER

DÉBRANCHER TOUTES LES PRISES TÉLÉPHONIQUES.

16H16

RESTE 104 MINUTES À ENDURER

PRENDRE UNE FEUILLE DE PAPIER.

16H17

RESTE 103 MINUTES À ENDURER

ESSAYER DE LANCER UNE CHAÎNE PYRAMIDALE AU BOULOT.

16H18

RESTE 102 MINUTES À ENDURER

FAIRE FACE À LA SUSPICION GÉNÉRALE. S'EMBOURBER.

16H19

RESTE 101 MINUTES À ENDURER

TAXER L'AMPOULE DU COULOIR.

16H20

RESTE 100 MINUTES À ENDURER

FAIRE SA PAUSE MESQUINE, DIRE DU MAL DE CEUX QUI SONT PAS LÀ.

16H21

RESTE 99 MINUTES À ENDURER

DIRE DU MAL DES STAGIAIRES (SURTOUT QUAND ILS SONT LÀ).

16H22

RESTE 98 MINUTES À ENDURER

LANCER UNE RUMEUR À HAUTE VOIX :

«EN PLUS, TU PUES LA SUEUR, C'EST DÉMONIAQUE».

16H23

RESTE 97 MINUTES À ENDURER

DIRE : « MACHIN VA AVOIR LE POSTE QUE TU CONVOITAIS ».

16H24

RESTE 96 MINUTES À ENDURER

FAIRE DES HISTOIRES POUR METTRE UNE MAUVAISE AMBIANCE.

16H25

RESTE 95 MINUTES À ENDURER

FAIRE SON AGAÇANT.

16H26

RESTE 94 MINUTES À ENDURER

DE TOUTE FAÇON DIRE DU MAL DU PATRON.

16H27

RESTE 93 MINUTES À ENDURER

COMPTER LES ALLERS ET VENUES DES UNS ET DES AUTRES.

16H28

RESTE 92 MINUTES À ENDURER

DÉNONCER SES CAMARADES.

16H29

RESTE 91 MINUTES À ENDURER

PRONOS-TIQUER SUR QUI COUCHE AVEC QUI.

16H30

RESTE 90 MINUTES À ENDURER

SE PLAINDRE DU TEMPS.

16H31

RESTE 89 MINUTES À ENDURER

SE PLAINDRE DE SON MAL DE DOS ET DE SES REINS EN COMPOTE.

16H32

RESTE 88 MINUTES À ENDURER

FAIRE SON MANIAQUE ET CULPABILISER LES AUTRES.

16H33

RESTE 87 MINUTES À ENDURER

S'AUTO-CONVAINCRE D'ÊTRE ALLERGIQUE À LA POUSSIÈRE.

16H34

RESTE 86 MINUTES À ENDURER

NETTOYER CHAQUE TOUCHE DE SON CLAVIER AU COTON-TIGE.

16H35

RESTE 85 MINUTES À ENDURER

VÉROLER LE SYSTÈME INFORMATIQUE DE LA SOCIÉTÉ.

16H36

RESTE 84 MINUTES À ENDURER

ALLER REGARDER

UN COUP DE ROLAND GARROS

SUR LE SMART PHONE DE MANU.

16H37

RESTE 83 MINUTES À ENDURER

TROUVER ÇA VRAIMENT PETIT LE TÉL DE MANU. SE PLAINDRE.

16H38

RESTE 82 MINUTES À ENDURER

SPÉCULER SUR L'APOCALYPSE PROCHAINE.

16H39

RESTE 81 MINUTES À ENDURER

INQUIÉTER LES GRANDS ANCIENS.

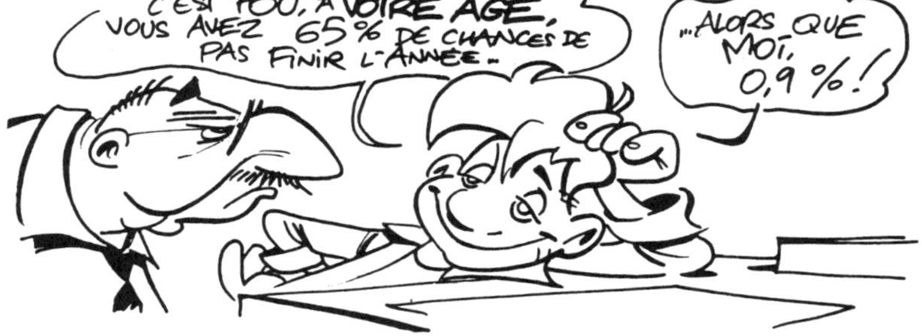

16H40

RESTE 80 MINUTES À ENDURER

APPELER POUR DÉCALER SON RENDEZ-VOUS CHEZ LE DENTISTE.

16H41

RESTE 79 MINUTES À ENDURER

SE POSER UNE QUESTION PHILOSOPHIQUE.

16H42

RESTE 78 MINUTES À ENDURER

FAIRE UNE PAUSE SPORTIVE.

16H43

RESTE 77 MINUTES À ENDURER

ET UN... ET DEUX...

SE SOULEVER SUR SA CHAISE.

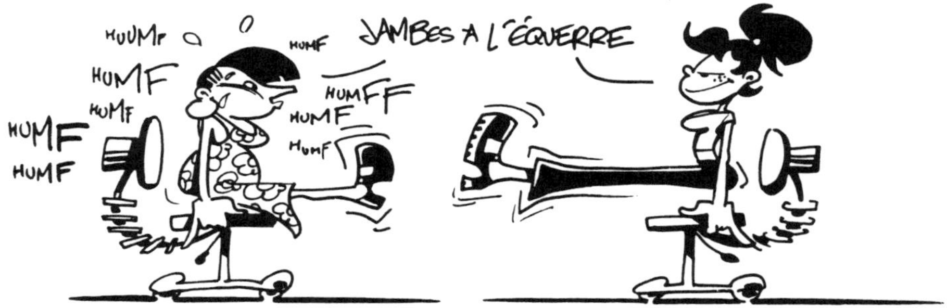

16H44

RESTE 76 MINUTES À ENDURER

FLEXION-EXTENSION.

FLEXION-EXTENSION.

TRAVAILLER SES FESSIERS.

16H45

RESTE 75 MINUTES À ENDURER

GYM FACIALE.

RETARDER L'APPARITION DU DOUBLE MENTON.

16H46

RESTE 74 MINUTES À ENDURER

RESPIRER.

FAIRE

LE OM BOUDDHIQUE

POUR ÊTRE EN ACCORD AVEC SOI-MÊME.

16H47

RESTE 73 MINUTES À ENDURER

PENSER EN PERMANENCE À SA RECONVERSION PROFESSIONNELLE.

16H48

RESTE 72 MINUTES À ENDURER

FOUILLER MOLLEMENT SUR ANPE.COM EN VUE D'UN NOUVEAU JOB.

16H49

RESTE 71 MINUTES À ENDURER

PASSER DES COUPS DE FIL À DES EMPLOYEURS DIVERS.

16H50

RESTE 70 MINUTES À ENDURER

TROUVER UN STAGE.

16H51

RESTE 69 MINUTES À ENDURER

TAPER SON CV SUR LE MAC EN REPOMPANT SUR CELUI DES AUTRES.

16H52

RESTE 68 MINUTES À ENDURER

EXTRAPOLER AVEC CRÉDIBILITÉ.

16H53

RESTE 67 MINUTES À ENDURER

PHOTO-COPIER SON CV.

16H54

RESTE 66 MINUTES À ENDURER

METTRE DE LA LESSIVE DANS LE BAC CHASSE D'EAU.

16H55

RESTE 65 MINUTES À ENDURER

RÉFLÉCHIR À UN ARRÊT MALADIE CRÉDIBLE POUR DEMAIN.

16H56

RESTE 64 MINUTES À ENDURER

ESSAYER D'ÊTRE BOULIMIQUE.

16H57

RESTE 63 MINUTES À ENDURER

CHERCHER PARTOUT

DU CHOCOLAT CÔTE D'OR,

FAIRE UNE VRAIE FIXETTE SUR LE CHOCOLAT CÔTE D'OR.

16H58

RESTE 62 MINUTES À ENDURER

TAPER
SUR LE SYSTÈME
DE TOUT LE MONDE
AVEC SON CHOCOLAT CÔTE D'OR.

16H59

RESTE 61 MINUTES À ENDURER

FAIRE DE L'HYPOGLYCÉMIE.

VOUS VENEZ DE TRAVAILLER 7 HEURES. BRAVO, HEIN. BRAV́O.

BILAN.
WAHOU, PLUS QUE 60 MN À TIRER.
JE RÉPÈTE, PLUS QUE 60 MN.

PAGE CHECK-UP, ALLEZ-ALLEZ.

CHECK-UP.

ÉTAT DE L'ESTOMAC

**DÉFAILLANT. CARENCES EN GLUCOSE. STRESS. BUGS DIVERS.
PLUS QUE 60 MN, PLUS QUE 60 MN, PLUS QUE 60 MN, PLUS QUE...**

TAUX D'ENGOURDISSEMENT

500 %

TICS NERVEUX : AFFOLANTS

ONGLES : DÉCIMÉS

COUPS DE FIL PERSO ENVISAGEABLES PAR JOUR : ____ 010
RESTANT À PASSER : ________ - 002

ÉTAT DES ACCUS ÉNERGÉTIQUES

DERNIÈRE HEURE.
JE RÉPÈTE,
DERNIÈRE HEURE.

C'EST JOUABLE,
C'EST JOUABLE,
PAS LE MOMENT
DE FLANCHER.

17 H 00

RESTE 60 MINUTES À ENDURER

SIFFLER POUR EMPÊCHER PICHON DE RONFLER.

17H01

RESTE 59 MINUTES À ENDURER

SE POSER LES GRANDES QUESTIONS DE LA VIE.

17H02

RESTE 58 MINUTES À ENDURER

FAIRE SA LISTE D'ACHATS MONOPRIX.

17H03

RESTE 57 MINUTES À ENDURER

PIOUUU. FAINÉANTISER D'AVANCE. ABANDONNER.

17H04

RESTE 56 MINUTES À ENDURER

OPTER POUR UN P'TIT COUP DE FIL À BIP-BIP PIZZAS 30.

17H05

RESTE 55 MINUTES À ENDURER

SE COMMANDER UNE PIZZA POUR 17H55 AU BOULOT.

17H06

RESTE 54 MINUTES À ENDURER

ALLER OBSERVER LE BOSSEUR DU SERVICE.

17H07

RESTE 53 MINUTES À ENDURER

SE DEMANDER COMMENT IL FAIT.

17H08

RESTE 52 MINUTES À ENDURER

L'OBSERVER DE PRÈS.

LE SUIVRE DANS LES COULOIRS.

17H09

RESTE 51 MINUTES À ENDURER

LUI JETER DES CACAHUÈTES.

17H10

RESTE 50 MINUTES À ENDURER

ESSAYER DE COMPRENDRE EN QUOI SON MÉTABOLISME DIFFÈRE DU NÔTRE.

17H11

RESTE 49 MINUTES À ENDURER

AVOIR DU MAL À LE SUIVRE DES YEUX.

17H12

RESTE 48 MINUTES À ENDURER

AVOIR DU MAL À PIGER TOUT CE QU'IL DIT.

17H13

RESTE 47 MINUTES À ENDURER

ÊTRE SOUDAIN ENVAHI D'UNE IMMENSE FATIGUE.

SE REPOSER.

17H14

RESTE 46 MINUTES À ENDURER

ESSAYER DE S'INTÉRESSER AU TOUR DE FRANCE EN ÉTÉ.

17H15

RESTE 45 MINUTES À ENDURER

JOUER À TOUS LES JEUX POSSIBLES ET IMAGINABLES (PAC MAN, DOOM 8, TOMB RAIDER 16, ETC...).

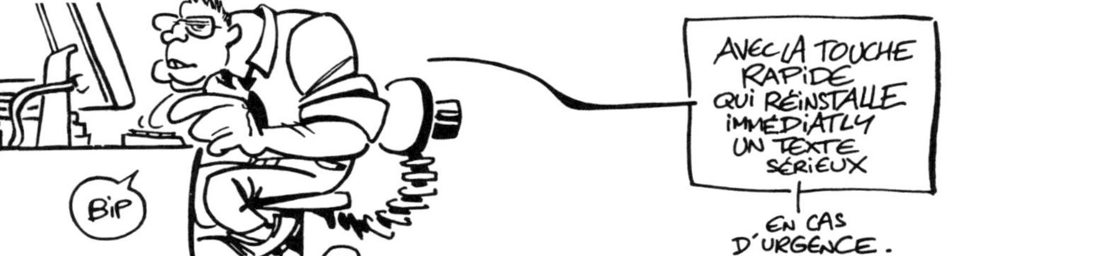

17H16

RESTE 44 MINUTES À ENDURER

ESSAYER DE BATTRE SON RECORD DE LA VEILLE.

17 H 17

RESTE 43 MINUTES À ENDURER

SE FAIRE VAGUEMENT REPÉRER.

17H18

RESTE 42 MINUTES À ENDURER

DEMANDER À EMPRUNTER LA GAME-BOY D'UN COLLÈGUE.

17H19

RESTE 41 MINUTES À ENDURER

ALLER S'ENFERMER AUX TOILETTES.

FAIRE MUMUSE TRANQUILLOS.

17H20

RESTE 40 MINUTES À ENDURER

NE PAS AVOIR RÉUSSI À BATTRE LE RECORD DU COLLÈGUE.

ABANDONNER.

17H21

RESTE 39 MINUTES À ENDURER

RENDRE LE JEU AVEC POLITESSE.

17H22

RESTE 38 MINUTES À ENDURER

JOUER À « LE PREMIER QUI PARLE EST UN CON ».

17H23

RESTE 37 MINUTES À ENDURER

ESSAYER DE FAIRE DES PHRASES SANS LA LETTRE «A».

17H24

RESTE 36 MINUTES À ENDURER

FAIRE UN CONCOURS DE PHRASES ININTÉRESSANTES AVEC PICHON.

17H25

RESTE 35 MINUTES À ENDURER

LAISSER PICHON COMMENCER.

17H26

RESTE 34 MINUTES À ENDURER

ENTENDRE PICHON DIRE :

17H27

RESTE 33 MINUTES À ENDURER

À NOTRE TOUR.

17H28

RESTE 32 MINUTES À ENDURER

DIRE :

17H29

RESTE 31 MINUTES À ENDURER

COMPTER LES POINTS.

SE DÉCLARER EX AEQUO.

17H30

RESTE 30 MINUTES À ENDURER

S'INVESTIR TOTALEMENT DANS LE COMITÉ D'ENTREPRISE.

17H31

RESTE 29 MINUTES À ENDURER

COLLER TOUTES LES AFFICHES EN S'APPLIQUANT.

17H32

RESTE 28 MINUTES À ENDURER

REFUSER UN CADEAU GRATOCHE DU COMITÉ D'ENTREPRISE.

17H33

RESTE 27 MINUTES À ENDURER

VOULOIR ÊTRE DÉLÉGUÉ RESPONSABLE DU COMITÉ D'ENTREPRISE.

17H34

RESTE 26 MINUTES À ENDURER

RE-ARROSER

SA PLANTE VERTE.

17H35

RESTE 25 MINUTES À ENDURER

ALLER VIDER LA BOUTEILLE D'EAU DANS L'ÉVIER.

17H36

RESTE 24 MINUTES À ENDURER

MATER LA BANDE ANNONCE DE JURASSIC PARK 7 AVEC LES COLLÈGUES.

17H37

RESTE 23 MINUTES À ENDURER

FAIRE DU TÉLÉ-ACHAT IMPULSIF SUR LE NET.

17H38

RESTE 22 MINUTES À ENDURER

CONSULTER UNE LISTE DE MARIAGE AU HASARD.

17H39

RESTE 21 MINUTES À ENDURER

TOUT RÉSERVER D'UN COUP AU NOM DE PICHON.

17H40

RESTE 20 MINUTES À ENDURER

VÉRIFIER QUE L'EXTINCTEUR FONCTIONNE BIEN.

17H41

RESTE 19 MINUTES À ENDURER

FAIRE UNE PRIÈRE (PRIER PAR EXEMPLE POUR UN DÉPÔT DE BILAN SURPRISE).

17H42

RESTE 18 MINUTES À ENDURER

TÉLÉPHONER AUX SALLES DE CINÉ POUR CONNAÎTRE LES PROGRAMMES.

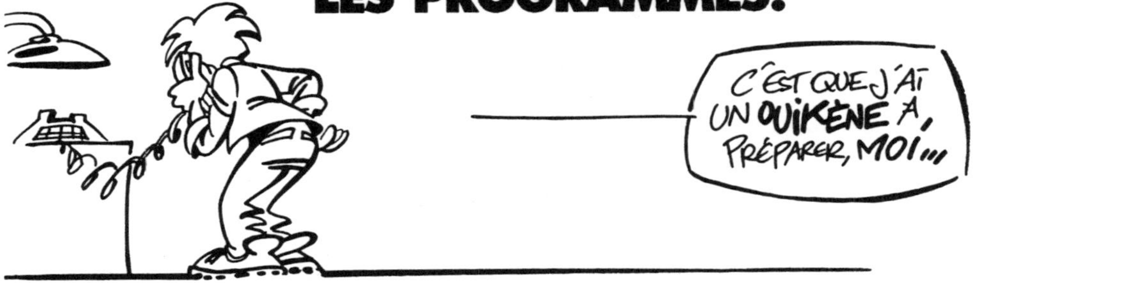

17H43

RESTE 17 MINUTES À ENDURER

PASSER SON TEMPS À APPELER LES COPAINS AU TÉLÉPHONE.

17H44

RESTE 16 MINUTES À ENDURER

FLINGUER LES MOUCHES AVEC UN ÉLASTIQUE.

17H45

RESTE 15 MINUTES À ENDURER

POSER SES CONGÉS MALADIES À VENIR POUR LES 2 PROCHAINES ANNÉES.

17H46

RESTE 14 MINUTES À ENDURER

ÊTRE HYPOCONDRIAQUE.

17H47

RESTE 13 MINUTES À ENDURER

MONTRER SA RADIOGRAPHIE À TOUT LE MONDE.

17H48

RESTE 12 MINUTES À ENDURER

PRENDRE RENDEZ-VOUS CHEZ LE MÉDECIN.

17H49

RESTE 11 MINUTES À ENDURER

PRENDRE RENDEZ-VOUS

CHEZ UN SPÉCIALISTE

DU CANCER GÉNÉRALISÉ.

17 H 50

RESTE 10 MINUTES À ENDURER

VIRER LES PETITES TOILES D'ARAIGNÉES SUR LES DOSSIERS QU'ON AURAIT DÛ ÉTUDIER.

17H51

RESTE 9 MINUTES À ENDURER

AMASSER
LE BOULOT
EFFECTUÉ PAR LA STAGIAIRE
À NOTRE PLACE.

17H52

RESTE 8 MINUTES À ENDURER

NE PAS RELIRE.
LUI FAIRE CONFIANCE.

17H53

RESTE 7 MINUTES À ENDURER

REMERCIER LA STAGIAIRE POLIMENT.

17H54

RESTE 6 MINUTES À ENDURER

PRÉPARER LE BOULOT DU LENDEMAIN POUR LA STAGIAIRE.

17H55

RESTE 5 MINUTES À ENDURER

ALLER DIRE AU REVOIR AUX POTES. LES NARGUER.

17H56

RESTE 4 MINUTES À ENDURER

PRÉPARER SON SAC ET RANGER SON BUREAU AVANT DE PARTIR.

17H57

RESTE 3 MINUTES À ENDURER

SE DIRIGER ROYALEMENT VERS LA SORTIE.

17H58

RESTE 2 MINUTES À ENDURER

NARGUER UNE NOUVELLE FOIS.

17H59

RESTE 1 MINUTE À ENDURER

PARTIR DANS L'ALLÉGRESSE.

18H00

RESTE 0 MINUTE À ENDURER

ENTENDRE PICHON NOUS DIRE :

18H01

WARNING! DÉPASSEMENT D'1 MINUTE

SE STOPPER NET.

18H02

WARNING ! DÉPASSEMENT DE 2 MINUTES

TÉLÉPHONER FURAX.

18H03

WARNING! WARNING! WARNING! RAB DE 3 MINUTES

WARNING
3 MINUTES
SUP' !!!

03 MN SUP ET 1"

WARNING ! WARNING ! WARNING ! WARNING ! WARNING ! WARNING ! WARNING ! WARNING ! WARN

AAAA-
AAAA-
ARG.

03 MN SUP ET 2"

NING ! WARNING ! WARNING ! WARNING ! WARNING ! WARNING ! WARNING ! WARNING ! WARNING !

SUBIR DES QUOLIBETS.

03 MN SUP ET 3"

NG ! WARNING ! WARNING ! WARNING ! WARNING ! WARNING ! WARNING ! WARNING ! WARNING ! W

ÊTRE PRIS DE VIOLENTES DOULEURS PSYCHOLOGIQUES.

03 MN SUP ET 4''

ARNING ! WARNING ! WARNING ! WARNING ! WARNING ! WARNING ! WARNING ! WARNING ! WARNING

DIVAGUER.

03 MN SUP ET 5"

WARNING ! WARNING ! WARNING ! WARNING ! WARNING ! WARNING ! WARNING ! WARNING ! WARNING !

SE DONNER DES BAFFES.

03 MN SUP ET 6"

WARNING ! WARNING ! WARNING ! WARNING ! WARNING ! WARNING ! WARNING ! WARNING ! WARNI

VOIR LE COURSIER ARRIVER.

LE HAÏR D'UN REGARD FROID.

04 MN SUP

WARNING ! WARNING ! WARNING ! WARNING ! WARNING ! WARNING ! WARNING ! WARNING ! WARNING

PAYER ET S'ÉCHAPPER ENFIN.

LIBÉRER LE FAUVE

QUI EST EN VOUS.

FREE

DOM

PRIONS POUR QUE LES MINUTES S'ÉCOULENT LENTEMENT JUSQU'À DEMAIN 8H.

UNE PRODUCTION JIM.
ÉDITIONS VENTS D'OUEST.

REMERCIEMENTS

REMERCIEMENTS AFFECTUEUX À DELPHINE. L'INDISPENSABLE.

REMERCIEMENTS À MES BANQUES À IDÉES :
FRANÇOISE L'ÉCHAPPÉE BELLE, CAROLINE AND CO DU STAFF VENTS D'OUEST, ROSELYNE, FRANCE ADEPTE DES AQUEDUCS, EMMANUELLE, PIERRE LE VOLEUR DE LUNES, FATIMA, LAURENT & MISTER MAC JEAN-MICHEL.
TÉMOIGNAGES ET VÉCUS RECUEILLIS AUPRÈS DE TOUS CES PLANTUREUX GLANDEURS PROFESSIONNELS.

REMERCIEMENTS À LAURENT DU PREMIER JOUR POUR SES ENCOURAGEMENTS ET POUR LE YORKSHIRE DE BÉBEL.
REMERCIEMENTS À LE PRINCE. ET AUSSI À CURD RIDEL POUR SES LONGUES NUITS FACE AUX SENTIMENTS.
COUCOU À FREDMAN. POTE. ET À GASPOUËT MONSIEUR LE A. ET À HUBERT LE SKETCH-MAN BOY, ET À...
REMERCIEMENTS À JEAN DE FRANCE TOP POILANT, ET À CÉLINE, PERSÉCUTÉE PAR MES SOINS.
REMERCIEMENTS À CEUX QUI ONT CRU EN CET ALBUM AU CONCEPT TARÉ.
REMERCIEMENTS À L'URSSAF & À LA SÉCU POUR MES DEUX MOIS DE JOB D'ÉTÉ LOURDS D'ENSEIGNEMENTS POSITIFS.
REMERCIEMENTS À EX-MÉDIA6 D'AVOIR PERMIS À UNE LÉGION DE BULLEURS (DONT MOI, TÊTE DE FILE) D'AFFINER LEUR TECHNIQUE.
DES BISES À CLYDE. PLEIN.

SPÉCIALE DÉDICACE

DÉDIÉ À TOUS CEUX QUI SOUFFRENT ET ASSÈNENT MENTALEMENT DES GICLÉES DE BAFFES À TOUTES LES MARIE-LAURE DE LA TERRE.

ON NE VA PAS SE QUITTER COMME ÇA. ALLEZ, UN PEU DE RAB, ON S'OFFRE LE LUXE DES IDÉES AUXQUELLES VOUS AVEZ ÉCHAPPÉ :

FAIRE UNE COURSE-RALLYE DANS LES COULOIRS SUR LES CHAISES À ROULETTES • COLLER PLEINS DE CARTES POSTALES HYPER RING AUTOUR DE SON POSTE DE TRAVAIL • ÉPLUCHER UNE À UNE TOUTES LES P'TITES ANNONCES DU GRATUIT DÉPARTEMENTAL • AVOIR DES POTES QUI PASSENT NOUS VOIR • AVOIR DES HUISSIERS QUI PASSENT NOUS VOIR • ÊTRE ÉCRIVAIN REFOULÉ «DU BOULOT, NAN J'AI PAS L'TEMPS, ME DÉRANGE PAS J'AI L'INSPIRATION» • ÊTRE HYPER BORDÉLIQUE ET NE JAMAIS RIEN RETROUVER • ÉLEVER AU CHOIX DES VERS À SOIE, HARICOTS SAUTEURS, VOIRE... HERBES ILLICITES • ÊTRE COLLECTIONNEUR «OH, DES P'LURES DE GOMMES, GÉANT !» • FAIRE ENVOYER DES FLEURS AU NOM DE PICHON • SE MOQUER DES INTERVIEWS DE JEAN-CLAUDE VANDAMME • SE MOQUER DES INTERVIEWS DE JOHNNY HALLIDAY • PÎQUER EN DOUCE DU MATOS INFORMATIQUE: SOURIS, SCANNER, IMPRIMANTE COULEUR HAUTE-RÉSOLUTION (S'ÉQUIPER ENTIÈREMENT CHEZ SOI EN MOINS DE SIX MOIS) • CALCULER SON QI SUR MINITEL • SE FAIRE UNE ÉTUDE DE POIDS SUR LE NET • AVOIR UNE DISCUSSION DE VIDÉOPHILE • FAIRE UNE CRISE D'ÉPILEPSIE • AVOIR LE HOQUET. ESSAYER DE LE FAIRE PASSER • AVOIR DES FOURMIS TÉTANISANTES DANS LA MAIN DROITE • PARLER UNE MINUTE SANS REPRENDRE SA RESPIRATION • CASSER L'IMPRIMANTE • JOUER AU POKER EN LIGNE SUR LE COMPTE DE LA BOITE • COMPTER LES MOUCHES QUI TOURNENT AU PLAFOND • FAIRE UNE PAUSE COCACOLA LIGHT • TAPER 36 15 CASTING SUR LE NET POUR RÊVER • LIRE LES ANNONCES SORDIDES. NE PLUS RÊVER DU TOUT • PRENDRE UN P'TIT JAUNE À 11H30 • VENDRE DES TICKETS TOMBOLA POUR RENFLOUER UN P'TIT NEVEU • MANGER DE L'AIL CRU ET ALLER CAUSER INTIMEMENT À MARIE-LAURE • VOULOIR ALLER AUX TOILETTES. DÉCOUVRIR AVEC STUPEUR QU'IL N'Y A PLUS DE PAPIER • ALLER CHERCHER DU PQ AUX FOURNITURES «AH NON, ICI NON PLUS Y'EN A PLUS.» • PÎQUER LE ROULEAU DE FAX POUR UN BESOIN PRESSANT • JOUER À CHAT PERCHÉ • LIRE L'AVENIR DANS LA PAUME DES MAINS DE PICHON «J'VOIS DES DOIGTS» • LIRE L'AVENIR DANS LE MARC DE NESCAFÉ • FAIRE UNE BATAILLE D'ÉLASTIQUES • PILE 2 HEURES APRÈS AVOIR INGURGITÉ UNE COCHONNERIE CHOCOLATÉE, DIRE «ÇA Y EST, J'AI DIGÉRÉ, J'PEUX ME BAIGNER» • PARLER AVEC L'ACCENT QUÉBÉCOIS POUR TAPER SUR LES NERFS DE TOUT LE MONDE (Y PARAÎT QU'IL Y A DES GENS QUI VONT EN VACANCES AU QUÉBEC. POUR SE DÉTENDRE. SI, IL PARAÎT.) • SE NETTOYER LE NOMBRIL (À LA MAISON ON N'Y PENSE JAMAIS) • BASSINER TOUT LE MONDE EN JOUANT À L'INTÉGRISTE MILITANT DU VÉGÉTARISME • JOUER À LA MARELLE • ETC, ETC...

VOILÀ C'EST TOUT.

MERCI
DE VOTRE
ATTENTION.

TOUTE SOCIÉTÉ
A LES FLEMMARDS
QU'ELLE MÉRITE.

(EN DÉCORTIQUANT ÇA VEUT PAS DIRE GRAND-CHOSE
MAIS C'EST TOUJOURS BIEN DE FINIR SUR UN TRUC QUI FAIT INTELLIGENT.)

BZzZzZzz
BZZzZzz